This Climbing Har Sinai Workbook belongs to:

_____

(Name)

_____

(Grade)

_____

(School)

We hope that each and every student, parent, rebbi, and morah find great growth and hatzlacha with this program. Hashem should help each and every one of us to be mekabel Torah to the best of our abilities!

Climbing Har Sinai Workbook by Rabbi Jonathan Rietti

Created by Rabbi Daniel Presberg

Jewish Inspiration, Inc.
2 Raoul Ct.
Monsey, NY 10952
www.jewishinspiration.com
jewishinspiration@gmail.com

Ordering Information:
Quantity sales. Special discounts are available on quantity purchases by corporations, associations, and others. For details, contact the publisher at the address above.

Climbing Har Sinai Workbook

ISBN 978-1-943726-04-2

10 9 8 7 6 5 4 3 2 1

1. Religion 2. Education

First Edition

Printed in the United States of America

כה
כד
כג
כב
כא
כ
יט
יח
יז
טז
טו
יד
יג
יב
יא
י
ט
ח
ז
ו
ה
ד
ג
ב
א

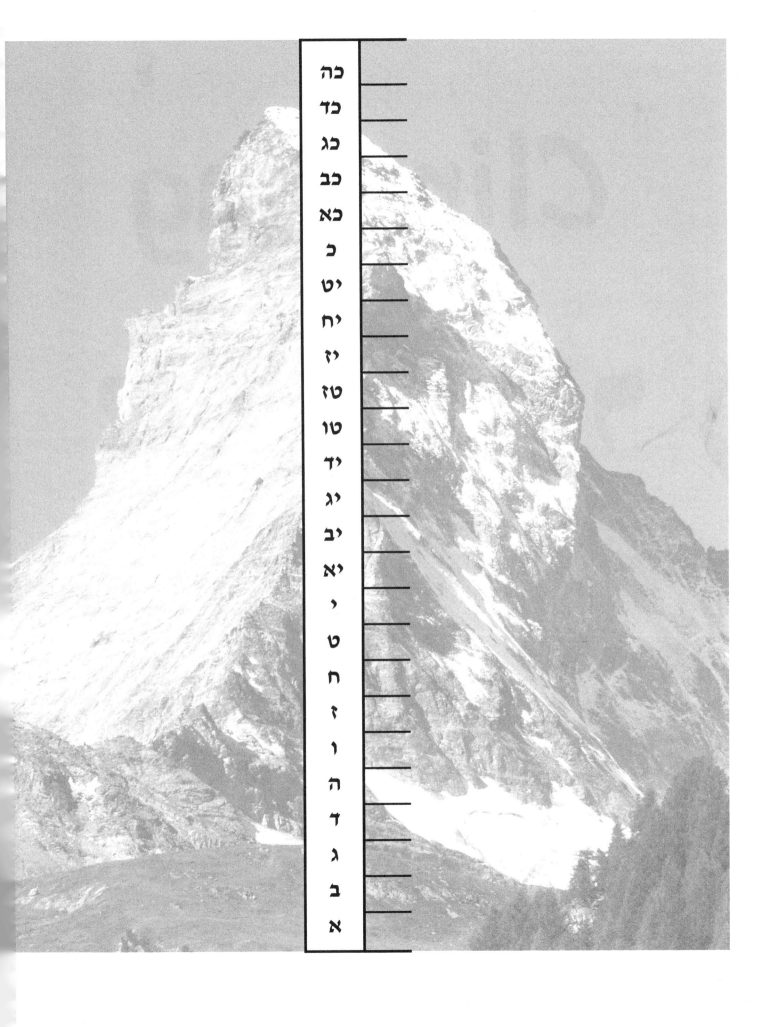

Climbing

הַר סִינַי

Workbook

Table of Contents

Introduction

Breakthrough Chinuch™ is proud to present the "Climbing Har Sinai Workbook". While the workbook can stand alone as an effective method for learning vocabulary, it is highly recommended that it be used in conjunction with the entire "Climbing Har Sinai" program.

What is the "Climbing Har Sinai" program?

"Climbing Har Sinai" is a dynamic vocabulary program. It is designed to have each individual child, with very little help from a rebbi, morah, or parent, integrate 303 of the most commonly used words from sefer Bereishis into their Chumash learning. Each word will be learned within the context of the Chumash. With this program, one will be able to easily translate from both Hebrew to English and English to Hebrew. A child will then understand that these vocabulary words are not a separate limud, but that they are a foundational step in their Chumash learning. When a child opens Sefer Bereishis and "discovers" one of these millim in the passukim, the child will rejoice with a feeling of success and thirst for more. With completion of this program one will know more than 80% of the words in Sefer Bereishis!!!! Each word is a step to receiving one's own portion in HaShem's Torah.

How is it different then just learning words with flash cards?

The program is designed to help each student learn the millim, על פי דרכו, according to each child's best learning style. Using many different methodologies to engage each child, the "Har Sinai Program" lets the children move at their own pace and have fun. Each child will be instilled with a feeling of tremendous accomplishment as they develop the skill of taking responsibility for their OWN growth and learning.

Can you explain the learning sequence?
The program is broken down into the following sections:

1. Unit packs
2. Extension Cards
3. Workbook
4. Test and Climb
5. Review Packs

1. Unit Packs:
There are 25 *Unit Packs*. Each pack is located within a large envelope with its unit number **כה - א** printed on the front of the envelope. *Unit Packs* contain 12 or more words that make up that unit. These large cards can be used as a word wall in a traditional classroom setting by a rebbi/morah or each child can be taught to handle their own packs and own learning (both options can also be used very effectively in conjunction with one another!). The program is designed to begin with Unit aleph, as the words are in chronological order as they appear in in Sefer Bereishis. (Students starting with Parshas Noach or Lech-Lecha can skip the first chapters/packs but it is recommended that the earlier words are slowly added in).

Each card within the *Unit Pack* has a picture on the front and the English word, Hebrew word, and *Unit Pack* number of the back. Children will connect to the pictures and enjoy figuring out why the picture fits that vocabulary word. The pictures make the vocabulary word more concrete and place an image in the child's mind, which will help the child store and retrieve even the abstract words. This system is very effective in having the child learn both the Hebrew and English word for each picture, to the point of making the English and Hebrew interchangeable in the child's mind.

2. Extension Packs:
There are 4 extension packs for each unit; these are found in the small envelopes, which are labeled with its corresponding unit. The four packs are as follows:

1. Pictures
2. English words
3. Hebrew words
4. Passuk in which word is first found in the Chumash

What are some different games/activities that the extension cards can be used with?

- **"Climb that Mountain!"** for 2-4 players

  Materials: The Extension Packs from the current unit.

  Object: To collect the most sets by the end of the game. A set is made up of the matching picture, English word, Hebrew word, and Passuk (Younger players may want to leave the "passuk pack" out).

  Set Up: Take all the cards and mix them, face down.

  Playing:
  - Played like "Go Fish". Take and mix together the extension packs.
  - Each player is dealt six cards. The rest of the cards are placed in the middle as the "Climb that Mountain" draw cards.
  - Player to the right of the dealer begins by asking a player of their choice for another card in the set. (Player asking must have at least one card from that set). If the player has any cards from that set they must *all* be given.
  - If a player gets a whole set they are placed, face-up, in front of him.
  - When a player does NOT have the card, he is told to "Climb that Mountain". The player must then take the top card from the draw deck. If the card picked matches the set the player asked for, he continues asking. If it does not match, the next player takes his turn.

- **"Match That!"** for 2-4 players

  Materials: Two Extension Packs from the current unit.

  Object: To have the most matching pairs at the end of the game.

  Set Up: Mix all the cards and place them in rows.

  Playing:
  - The youngest player starts by turning over any two cards—so that all the players can see.
  - If the two cards match: the player takes the two cards and takes another turn! Keep taking turns until you do not make a match.
  - If the two cards do NOT match: turn them face down in the same place.
  - All players should try to remember what those cards were for later turns.

iii

o The player to the left of the youngest player takes their turn in the same way and the game continues clockwise.
o Ending and winning the game: After all the pairs have been found and taken by players, the player with the most pairs wins.

- **"Pull a Picture"** for 2-8 players

  Materials: Extension Packs from the current unit
  Object: To have the most matching pairs at the end of the game. (Great game for chazora and using more than one unit of extension cards!!!).
  Set Up: Separate the picture cards from the other extension packs. Shuffle picture cards and place them in a pile facing down. Mix the other extension cards and place in rows face-up.
  Playing:
  o The youngest player starts by turning over the top card in the picture pile.
  o Looking through the cards the player finds the other extension cards for that set in the correct order: Hebrew word, English word, passuk. (Others in group can help for a non-competitive learning environment)
  o Next player turns card and repeats process until no cards are left.

- **"Speed Round"** – for 2-4 teams of 2 players each

  Materials: Extension Packs from current unit. Stop watch or clock with seconds hand
  Object: To have the most matching pairs and quickest time at the end of the game. (Another great game for chazora and using with more than one unit of extension cards!!!).
  Set Up: Separate the picture cards from the other extension packs. Shuffle picture cards and place them in a pile facing down. Mix the other extension cards and place in rows face-up.
  Playing:
  o Teams should decide who is responsible for which extension cards. Example one team member is the Hebrew word and the other team member is responsible for the English word.
  o Youngest combined ages of team members begin the game. As soon as the picture card is turned over the stopwatch is started. Each team member must find the card of his

responsibility that matches the picture. (Can be played with teammates not helping each other or with helping each other).
    - Time for the round is recorded and the next team takes their turn until no cards are left.

- **Spell it!** for 1 person

  Materials: Extension Packs from the unit one is learning. Pencil and paper or moveable alphabet (English or Hebrew)
  Object: To practice vocabulary as well as the correct spelling of Hebrew and or/English words.
  Set Up: Mix the extension cards and place in rows face-up. Match the cards together and place completed sets in a row with picture cards on top facing up in each pile.
  Playing:
    - With moveable alphabet or pencil and paper spell out Hebrew and or English word that matches the picture. Look under picture card to check work.

You can and should use your own imagination and creativity in using the extension cards. Have fun, and more importantly, let the students do the same!

<u>3. Workbook</u>:

This is not a dikduk book. We recommend the *Loshon HaTorah* series created by Rabbi Windor for learning the Hebrew prefixes/suffixes. This workbook does, however, have the child find the shoresh (root) of the vocabulary words in the passukim. The teacher may want to have younger children just read the passukim or skip this exercise. The child should be taught that while discovering the root word all the osios in that root word may not be seen in the pussik. The next page shows a simple diagram of the osios that are most commonly missing. These missing osios make up the word יונה (dove).

"...can't find all the letters of the שורש /vocabulary word? It could be that one of them flew away."

What is the process for those students who are working through the Har Sinai program at their own pace?

1. Check Har Sinai diagram and see which unit you are working on (This is the picture at beginning of the workbook).
2. Take the Unit Pack cards (the large envelope cards) for that unit and study the picture, the Hebrew word and the English word.
3. Once learned, go play some games using the extension cards in that unit.
4. Complete the corresponding unit in the workbook.
5. Test and climb

What are the blank lines for at the end of each chapter?

The blank lines at the end of the chapter can be used in a number of different ways. For older students, the page can be used for the unit test and answers can be written in Hebrew and/or English in the lines provided. We recommend showing the picture and having the student write both the English and the Hebrew word for the picture. Some teachers may prefer to test orally. Again, we recommend showing the picture card and having the child answer with the correct English and Hebrew word. We know some teachers may wish to incorporate the vocabulary program into their spelling units. Then this page can be used as a spelling test. Teachers may want to consider having the vocabulary and spelling aspects of the program go at different speeds.

How does the student track their progress?

We do not recommend any incentive for completing each unit. We feel that the program is both FUN and rewarding in and of itself. We have provided a diagram where the child can track his own progress as he climbs "Har Sinai". Students should be told that these words are foundational steps, which will allow them to be m'kabel Torah. In order to truly receive Torah one must know what the Chumash is saying and one must make these words a part of oneself. Each unit is a step closer to being able to receive the Torah atop Har Sinai. The child can color in each level once they demonstrate mastery over it. Hatzlocha raba and enjoy the climb!!!

Climbing

הַר סִינַי

א

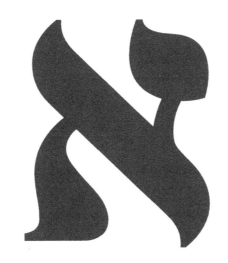

head	רֹאשׁ
create	בָּרֹא
HaShem/ Power of all powers	אֱלֹקִים
heavens	שָׁמַיִם
land/earth	אֶרֶץ
was/exist	הָיֹה
darkness	חֹשֶׁךְ
on	עַל
faces/inside	פָּנִים
wind/spirit	רוּחַ
water	מַיִם
said	אָמֹר

Unit א

<u>Directions - read carefully:</u> Find and <u>underline</u> the vocabulary word in the passuk, this is the שֹׁרֶשׁ of the word. This is the very first time this word is found in the Chumash!!!

פסוקים		
(א,א) בְּרֵאשִׁית בָּרָא אֱלֹקִים אֵת הַשָּׁמַיִם וְאֵת הָאָרֶץ	רֹאשׁ	head
(א,א) בְּרֵאשִׁית בָּרָא אֱלֹקִים אֵת הַשָּׁמַיִם וְאֵת הָאָרֶץ	בָּרֹא	create
(א,א) בְּרֵאשִׁית בָּרָא אֱלֹקִים אֵת הַשָּׁמַיִם וְאֵת הָאָרֶץ	אֱלֹקִים	HaShem/ Power of all powers
(א,א) בְּרֵאשִׁית בָּרָא אֱלֹקִים אֵת הַשָּׁמַיִם וְאֵת הָאָרֶץ	שָׁמַיִם	heavens
(א,א) בְּרֵאשִׁית בָּרָא אֱלֹקִים אֵת הַשָּׁמַיִם וְאֵת הָאָרֶץ	אֶרֶץ	land/earth
(א,ב) וְהָאָרֶץ הָיְתָה תֹהוּ וָבֹהוּ וְחֹשֶׁךְ עַל פְּנֵי תְהוֹם וְרוּחַ אֱלֹקִים מְרַחֶפֶת עַל פְּנֵי הַמָּיִם	הָיֹה	was/exist
(א,ב) וְהָאָרֶץ הָיְתָה תֹהוּ וָבֹהוּ וְחֹשֶׁךְ עַל פְּנֵי תְהוֹם וְרוּחַ אֱלֹקִים מְרַחֶפֶת עַל פְּנֵי הַמָּיִם	חֹשֶׁךְ	darkness
(א,ב) וְהָאָרֶץ הָיְתָה תֹהוּ וָבֹהוּ וְחֹשֶׁךְ עַל פְּנֵי תְהוֹם וְרוּחַ אֱלֹקִים מְרַחֶפֶת עַל פְּנֵי הַמָּיִם	עַל	on
(א,ב) וְהָאָרֶץ הָיְתָה תֹהוּ וָבֹהוּ וְחֹשֶׁךְ עַל פְּנֵי תְהוֹם וְרוּחַ אֱלֹקִים מְרַחֶפֶת עַל פְּנֵי הַמָּיִם	פָּנִים	faces/inside
(א,ב) וְהָאָרֶץ הָיְתָה תֹהוּ וָבֹהוּ וְחֹשֶׁךְ עַל פְּנֵי תְהוֹם וְרוּחַ אֱלֹקִים מְרַחֶפֶת עַל פְּנֵי הַמָּיִם	רוּחַ	wind/spirit
(א,ב) וְהָאָרֶץ הָיְתָה תֹהוּ וָבֹהוּ וְחֹשֶׁךְ עַל פְּנֵי תְהוֹם וְרוּחַ אֱלֹקִים מְרַחֶפֶת עַל פְּנֵי הַמָּיִם	מַיִם	water
(א,ג) וַיֹּאמֶר אֱלֹקִים יְהִי אוֹר וַיְהִי אוֹר	אָמֹר	said

MATCHING FUN!!! א

Directions – read carefully: Draw a line from the Hebrew word to its correct translation

heavens	ראש
head	בָּרָא
create	שָׁמַיִם
HaShem	אֱלֹקִים

head	אֱלֹקִים
heavens	בָּרָא
Power of all powers	ראש
create	שָׁמַיִם

heavens	שָׁמַיִם
create	אֱלֹקִים
head	ראש
HaShem	בָּרָא

land/earth	חֹשֶׁךְ
was/exist	הָיָה
on	עַל
darkness	אֶרֶץ

was/exist	עַל
on	חֹשֶׁךְ
darkness	הָיָה
land/earth	אֶרֶץ

on	הָיָה
was/exist	אֶרֶץ
land/earth	חֹשֶׁךְ
darkness	עַל

wind/spirit	פָּנִים
said	אָמַר
faces/inside	רוּחַ
water	מַיִם

faces/inside	פָּנִים
water	מַיִם
wind/spirit	אָמַר
said	רוּחַ

water	רוּחַ
wind/spirit	פָּנִים
said	אָמַר
faces/inside	מַיִם

wind/spirit	אָמַר
head	בָּרָא
land/earth	שָׁמַיִם
darkness	אֱלֹקִים
heavens	הָיָה
was/exist	חֹשֶׁךְ
HaShem/Power of all powers	אֶרֶץ
create	ראש
said	עַל
on	פָּנִים
water	רוּח
face/inside	מַיִם

water	רוּח
face/inside	עַל
wind/spirit	מַיִם
heavens	ראש
said	שָׁמַיִם
create	אָמַר
head	בָּרָא
HaShem/Power of all powers	פָּנִים
on	אֱלֹקִים
was/exist	חֹשֶׁךְ
land/earth	הָיָה
darkness	אֶרֶץ

GEMATRIA FUN!!!

<u>Directions – read carefully:</u> Each letter of the Hebrew Alphabet is given a number value. Fill in the blank space above the numbers with the correct Hebrew letter that matches that number. After you decoded these Hebrew words draw a line to the correct translation.
(Look at the back page of this book for some gematria help!)

___ ___ ___ ___ ___ 40 10 100 30 1	• was/exist
___ ___ ___ 300 1 200	• create
___ ___ 30 70	• said
___ ___ ___ 40 10 40	• wind/spirit
___ ___ ___ 200 40 1	• on
___ ___ ___ 90 200 1	• heavens
___ ___ ___ ___ 40 10 40 300	• head
___ ___ ___ 1 200 2	• HaShem/ Power of all Powers
___ ___ ___ 20 300 8	• land/earth
___ ___ ___ 5 10 5	• darkness
___ ___ ___ 8 6 200	• water
___ ___ ___ ___ 40 10 50 80	• faces/inside

Word Search!!!

<u>Directions – read carefully:</u> Search in the word jumble to find the correct meanings of the Hebrew words below. Circle the words when you find them.

CAREFUL--The words can be written forwards, backwards, or even diagonally.

BONUS--There may be more than one translation for each Hebrew word.

U	D	C	G	L	P	W	M	C	R	C	R	R	G	Y
X	J	K	T	D	G	E	Y	L	E	T	Q	B	M	H
G	R	Y	H	K	R	T	S	I	X	E	S	A	W	X
A	T	E	M	W	I	N	D	S	P	I	R	I	T	J
G	K	X	L	M	M	M	H	S	S	L	E	K	U	D
I	K	K	S	A	E	U	N	E	A	D	D	P	I	V
M	F	A	J	H	K	E	Z	N	E	W	I	A	G	T
K	F	L	S	I	V	O	D	K	G	G	S	W	J	H
J	K	A	A	A	A	U	C	R	H	Z	N	S	F	G
T	H	B	E	J	C	R	E	A	T	E	I	N	L	K
M	P	H	Q	V	O	T	N	D	Y	V	S	J	T	P
Z	E	Z	I	C	O	Z	U	H	D	A	E	H	Z	V
X	Y	V	N	M	L	T	P	W	Y	W	C	H	J	L
U	U	N	H	G	K	H	F	T	I	X	A	J	R	K
O	S	O	M	W	A	T	E	R	A	D	F	G	M	N

ראשׁ	אֶרֶץ	פָּנִים
בָּרָא	הָיָה	רוּחַ
אֱלֹקִים	חֹשֶׁךְ	מַיִם
שָׁמַיִם	עַל	אָמַר

Crossword Puzzle!!!

<u>Directions - read carefully:</u> Write the correct meanings of the Hebrew words below into the correct boxes of the crossword puzzle. Words can be written across or down and START with a number in their box.

Across	**Down**
2. עַל	1. פָּנִים
4. אֱלֹקִים	3. בָּרָא
6. אָמֹר	4. רֹאשׁ
8. מַיִם	5. רוּחַ
9. אֶרֶץ	7. חֹשֶׁךְ
10. שָׁמַיִם	8. הָיה

Unit א שֵׁם ____________

1.

2.

3.

4.

5.

6.

7.

8.

9.

10.

11.

12.

Climbing

הַר סִינַי

ב

light	אוֹר
see	רָאֹה
that/because/when	כִּי
good	טוֹב
divide/separate	הֶבְדֵּל
between	בֵּין
call/read	קָרֹא
day	יוֹם
night	לַיְלָה
evening	עֶרֶב
morning	בֹּקֶר
one	אֶחָד

Directions - read carefully: Find and underline the vocabulary word in the passuk, this is the שֹׁרֶשׁ of the word. This is the very first time this word is found in the Chumash!!!

(א,ג) וַיֹּאמֶר אֱלֹקִים יְהִי אוֹר וַיְהִי אוֹר	אוֹר	light
(א,ד) וַיַּרְא אֱלֹקִים אֶת הָאוֹר כִּי טוֹב וַיַּבְדֵּל אֱלֹקִים בֵּין הָאוֹר וּבֵין הַחֹשֶׁךְ	רָאֹה	see
(א,ד) וַיַּרְא אֱלֹקִים אֶת הָאוֹר כִּי טוֹב וַיַּבְדֵּל אֱלֹקִים בֵּין הָאוֹר וּבֵין הַחֹשֶׁךְ	כִּי	that/because/when
(א,ד) וַיַּרְא אֱלֹקִים אֶת הָאוֹר כִּי טוֹב וַיַּבְדֵּל אֱלֹקִים בֵּין הָאוֹר וּבֵין הַחֹשֶׁךְ	טוֹב	good
(א,ד) וַיַּרְא אֱלֹקִים אֶת הָאוֹר כִּי טוֹב וַיַּבְדֵּל אֱלֹקִים בֵּין הָאוֹר וּבֵין הַחֹשֶׁךְ	הֶבְדֵּל	divide/separate
(א,ד) וַיַּרְא אֱלֹקִים אֶת הָאוֹר כִּי טוֹב וַיַּבְדֵּל אֱלֹקִים בֵּין הָאוֹר וּבֵין הַחֹשֶׁךְ	בֵּין	between
(א,ה) וַיִּקְרָא אֱלֹקִים לָאוֹר יוֹם וְלַחֹשֶׁךְ קָרָא לָיְלָה וַיְהִי עֶרֶב וַיְהִי בֹקֶר יוֹם אֶחָד	קָרֹא	call/read
(א,ה) וַיִּקְרָא אֱלֹקִים לָאוֹר יוֹם וְלַחֹשֶׁךְ קָרָא לָיְלָה וַיְהִי עֶרֶב וַיְהִי בֹקֶר יוֹם אֶחָד	יוֹם	day
(א,ה) וַיִּקְרָא אֱלֹקִים לָאוֹר יוֹם וְלַחֹשֶׁךְ קָרָא לָיְלָה וַיְהִי עֶרֶב וַיְהִי בֹקֶר יוֹם אֶחָד	לַיְלָה	night
(א,ה) וַיִּקְרָא אֱלֹקִים לָאוֹר יוֹם וְלַחֹשֶׁךְ קָרָא לָיְלָה וַיְהִי עֶרֶב וַיְהִי בֹקֶר יוֹם אֶחָד	עֶרֶב	evening
(א,ה) וַיִּקְרָא אֱלֹקִים לָאוֹר יוֹם וְלַחֹשֶׁךְ קָרָא לָיְלָה וַיְהִי עֶרֶב וַיְהִי בֹקֶר יוֹם אֶחָד	בֹּקֶר	morning
(א,ה) וַיִּקְרָא אֱלֹקִים לָאוֹר יוֹם וְלַחֹשֶׁךְ קָרָא לָיְלָה וַיְהִי עֶרֶב וַיְהִי בֹקֶר יוֹם אֶחָד	אֶחָד	one

MATCHING FUN!!! ב

Directions - read carefully: Draw a line from the Hebrew word to its correct translation

light	אוֹר
because	רָאָה
good	כִּי
see	טוֹב

when	טוֹב
light	רָאָה
see	אוֹר
good	כִּי

light	כִּי
good	טוֹב
that	אוֹר
see	רָאָה

between	הֶבְדֵּל
call	בֵּין
separate	קָרָא
day	יוֹם

call	קָרָא
divide	הֶבְדֵּל
day	בֵּין
between	יוֹם

separate	בֵּין
read	יוֹם
between	הֶבְדֵּל
day	קָרָא

evening	לַיְלָה
morning	עֶרֶב
one	בֹּקֶר
night	אֶחָד

one	לַיְלָה
night	אֶחָד
evening	עֶרֶב
morning	בֹּקֶר

night	בֹּקֶר
evening	לַיְלָה
morning	עֶרֶב
one	אֶחָד

because	טוֹב
see	כִּי
day	רָאָה
separate	אוֹר
night	יוֹם
between	בֵּין
morning	קָרָא
good	אֶחָד
one	עֶרֶב
evening	לַיְלָה
light	בֹּקֶר
read	הֶבְדֵּל

good	לַיְלָה
morning	יוֹם
separate	בֵּין
evening	כִּי
call/read	בֹּקֶר
night	רָאָה
that	אוֹר
see	הֶבְדֵּל
one	טוֹב
day	עֶרֶב
light	אֶחָד
between	קָרָא

GEMATRIA FUN!!!

<u>Directions – read carefully:</u> Each letter of the Hebrew Alphabet is given a number value. Fill in the blank space above the numbers with the correct Hebrew letter that matches that number. After you decoded these Hebrew words draw a line to the correct translation.
(Look at the back page of this book for some gematria help!)

200	100	6	2

	2	6	9

		10	20

	4	8	1

	5	1	200

	40	6	10

5	30	10	30

	50	10	2

	200	6	1

	2	200	70

	1	200	100

30	4	2	5

- one
- night
- between
- that/because/when
- morning
- day
- divide/separate
- see
- evening
- call/read
- good
- light

Word Search!!!

<u>Directions - read carefully:</u> Search in the word jumble to find the correct meanings of the Hebrew words below. Circle the words when you find them.

BONUS--There may be more than one translation for each Hebrew word.

																		T	N
K	V	I	G	U	O	V	N	X	O	F	R	I	H	R	F	V		H	Q
G	O	S	E	P	A	R	A	T	E	Y	M	N	L	B	Y	T		G	L
N	N														P	H		I	Q
I	E		E	H	W	S	C	H	M	S	U	W	S		B	A		L	T
N	S		Z	R	E	G	Q	J	K	J	U	N	D		T	T		L	H
R	T		Z	E								G	A		D	B		S	F
O	G		Z	V		T	A	Z	I	T		X	E		L	E		D	T
M	W		F	Q		Z	X	M	C	X		G	R		E	C		N	N
L	R		V	V		G	J		O	C		U	L		V	A		E	Q
I	X		X	C		I	Q		Z	D		L	L		E	U		E	G
T	W		B	I		B	L					S	A		N	S		W	M
H	B		D	J		T	R	T	W	I	U	X	C		I	E		T	Z
H	R		Q	J		R	I	O	J	V	S	P	M		N	W		E	S
I	R		N	Z											G	H		B	R
Q	W		P	J	Z	K	Q	E	Y	R	T	D	O	O	G	E		I	S
N	B		K	M	H	G	R	X	Q	U	T	B	O	L	Z	N		L	I
N	T																	F	T
Q	D	Z	R	T	N	N	I	G	H	T	B	R	V	O	F	Q	U	J	O
Q	F	W	D	X	C	I	R	D	A	Y	U	A	E	Y	U	U	B	R	J

אוֹר	הֶבְדֵּל	לַיְלָה
רָאָה	בֵּין	עֶרֶב
כִּי	קָרָא	בֹּקֶר
טוֹב	יוֹם	אֶחָד

Crossword Puzzle!!!

<u>Directions – read carefully:</u> Write the correct meanings of the Hebrew words below into the correct boxes of the crossword puzzle. Words can be written across or down and START with a number in their box.

Across

4. הֶבְדֵּל
5. אוֹר
6. אֶחָד
8. עֶרֶב
10. יוֹם
11. בֹּקֶר
12. רָאָה

Down

1. לַיְלָה
2. בֵּין
3. קָרָא
7. כִּי
9. טוֹב

Unit ב   שֵׁם

1.

2.

3.

4.

5.

6.

7.

8.

9.

10.

11.

12.

16

Climbing

הַר סִינַי

ג

sky	רָקִיעַ
middle/midst	תּוֹךְ
made/do	עָשֹׂה
that/which	אֲשֶׁר
under	תַּחַת
so	כֵּן
second	שֵׁנִי
collection of water	מִקְוֶה
place	מָקוֹם
dry land	יַבָּשָׁה
sea/ocean	יָם
grass	עֵשֶׂב

Directions – read carefully: Find and underline the vocabulary word in the passuk, this is the שֹׁרֶשׁ of the word. This is the very first time this word is found in the Chumash!!!

פסוקים		
(א,ו) וַיֹּאמֶר אֱלֹקִים יְהִי רָקִיעַ בְּתוֹךְ הַמָּיִם וִיהִי מַבְדִּיל בֵּין מַיִם לָמָיִם	רָקִיעַ	sky
(א,ו) וַיֹּאמֶר אֱלֹקִים יְהִי רָקִיעַ בְּתוֹךְ הַמָּיִם וִיהִי מַבְדִּיל בֵּין מַיִם לָמָיִם	תּוֹךְ	middle/midst
(א,ז) וַיַּעַשׂ אֱלֹקִים אֶת הָרָקִיעַ וַיַּבְדֵּל בֵּין הַמַּיִם אֲשֶׁר מִתַּחַת לָרָקִיעַ וּבֵין הַמַּיִם אֲשֶׁר מֵעַל לָרָקִיעַ וַיְהִי כֵן	עָשָׂה	made/do
(א,ז) וַיַּעַשׂ אֱלֹקִים אֶת הָרָקִיעַ וַיַּבְדֵּל בֵּין הַמַּיִם אֲשֶׁר מִתַּחַת לָרָקִיעַ וּבֵין הַמַּיִם אֲשֶׁר מֵעַל לָרָקִיעַ וַיְהִי כֵן	אֲשֶׁר	that/which
(א,ז) וַיַּעַשׂ אֱלֹקִים אֶת הָרָקִיעַ וַיַּבְדֵּל בֵּין הַמַּיִם אֲשֶׁר מִתַּחַת לָרָקִיעַ וּבֵין הַמַּיִם אֲשֶׁר מֵעַל לָרָקִיעַ וַיְהִי כֵן	תַּחַת	under
(א,ז) וַיַּעַשׂ אֱלֹקִים אֶת הָרָקִיעַ וַיַּבְדֵּל בֵּין הַמַּיִם אֲשֶׁר מִתַּחַת לָרָקִיעַ וּבֵין הַמַּיִם אֲשֶׁר מֵעַל לָרָקִיעַ וַיְהִי כֵן	כֵּן	so
(א,ח) וַיִּקְרָא אֱלֹקִים לָרָקִיעַ שָׁמָיִם וַיְהִי עֶרֶב וַיְהִי בֹקֶר יוֹם שֵׁנִי	שֵׁנִי	second
(א,ט) וַיֹּאמֶר אֱלֹקִים יִקָּווּ הַמַּיִם מִתַּחַת הַשָּׁמַיִם אֶל מָקוֹם אֶחָד וְתֵרָאֶה הַיַּבָּשָׁה וַיְהִי כֵן	מִקְוֶה	collection of water
(א,ט) וַיֹּאמֶר אֱלֹקִים יִקָּווּ הַמַּיִם מִתַּחַת הַשָּׁמַיִם אֶל מָקוֹם אֶחָד וְתֵרָאֶה הַיַּבָּשָׁה וַיְהִי כֵן	מָקוֹם	place
(א,ט) וַיֹּאמֶר אֱלֹקִים יִקָּווּ הַמַּיִם מִתַּחַת הַשָּׁמַיִם אֶל מָקוֹם אֶחָד וְתֵרָאֶה הַיַּבָּשָׁה וַיְהִי כֵן	יַבָּשָׁה	dry land
(א,י) וַיִּקְרָא אֱלֹקִים לַיַּבָּשָׁה אֶרֶץ וּלְמִקְוֵה הַמַּיִם קָרָא יַמִּים וַיַּרְא אֱלֹקִים כִּי טוֹב	יָם	sea/ocean
(א,יא) וַיֹּאמֶר אֱלֹקִים תַּדְשֵׁא הָאָרֶץ דֶּשֶׁא עֵשֶׂב מַזְרִיעַ זֶרַע עֵץ פְּרִי עֹשֶׂה פְּרִי לְמִינוֹ אֲשֶׁר זַרְעוֹ בוֹ עַל הָאָרֶץ וַיְהִי כֵן	עֵשֶׂב	grass

MATCHING FUN!!! ג

__Directions – read carefully__: Draw a line from the Hebrew word to its correct translation

middle	תּוֹךְ
made	רָקִיעַ
that	אֲשֶׁר
sky	עָשָׂה

made	עָשָׂה
middle	רָקִיעַ
sky	תּוֹךְ
that	אֲשֶׁר

midst	אֲשֶׁר
which	עָשָׂה
do	תּוֹךְ
sky	רָקִיעַ

under	תַּחַת
so	שֵׁנִי
second	כֵּן
collection of water	מִקְוֶה

so	כֵּן
second	תַּחַת
collection of water	שֵׁנִי
under	מִקְוֶה

second	שֵׁנִי
so	מִקְוֶה
below	תַּחַת
collection of water	כֵּן

grass	מָקוֹם
place	יַבָּשָׁה
dry land	יָם
sea/ocean	עֵשֶׂב

dry land	מָקוֹם
sea/ocean	עֵשֶׂב
grass	יַבָּשָׁה
place	יָם

sea/ocean	יָם
grass	מָקוֹם
place	יַבָּשָׁה
dry land	עֵשֶׂב

made	עָשָׂה
sky	אֲשֶׁר
collection of water	רָקִיעַ
second	תּוֹךְ
sea/ocean	מִקְוֶה
below	שֵׁנִי
place	תַּחַת
which	עֵשֶׂב
dry land	יַבָּשָׁה
grass	מָקוֹם
midst	יָם
so	כֵּן

that	מָקוֹם
place	מִקְוֶה
second	שֵׁנִי
grass	אֲשֶׁר
so	יָם
sea/ocean	רָקִיעַ
do	תּוֹךְ
sky	תַּחַת
dry land	עָשָׂה
collection of water	יַבָּשָׁה
middle	עֵשֶׂב
under	כֵּן

GEMATRIA FUN!!!

Directions - read carefully: Each letter of the Hebrew Alphabet is given a number value. Fill in the blank space above the numbers with the correct Hebrew letter that matches that number. After you decoded these Hebrew words draw a line to the correct translation.
(Look at the back page of this book for some gematria help!)

___ ___ ___ ___ 70 10 100 200		• sky
___ ___ ___ 10 50 300		• middle/midst
___ ___ 40 10		• made/do
___ ___ ___ 400 8 400		• that/which
___ ___ ___ 5 300 70		• under
___ ___ ___ ___ 5 300 2 10		• so
___ ___ ___ ___ 5 6 100 40		• second
___ ___ ___ 2 300 70		• collection of water
___ ___ ___ 20 6 400		• place
___ ___ ___ 200 300 1		• dry land
___ ___ 50 20		• sea/ocean
___ ___ ___ ___ 40 6 100 40		• grass

Word Search!!!

<u>Directions - read carefully:</u> Search in the word jumble to find the correct meanings of the Hebrew words below. Circle the words when you find them.

CAREFUL--The words can be written forwards, backwards, or even diagonally.

BONUS--There may be more than one translation for each Hebrew word.

```
                    G R
                  H R D M
                O Y O U U D
              I A K X N H V S
            T G G S D T X M U D
          W R A W E Y Y X W N K O
        I A T N R T A I E R E C M H
      C S H M L Y E P L A C E Z Z A X
    D S E U W H S G D D Q O I W B N D B
  J Z R J C A H H D Y R S E C O N D V E W
  C F G D Q A Q I S D N A L Y R D E V E F
    O D Q E S M B Q A B P I L Q A B S X
      L B C B U E D W A J Y D D H D L
        L Q M B L Y D O I E G A O R
          E T R S V U S K J B X E
            C L N L Q A K H C T
              T H A T D E D A
                I B J D P W
                  O P T F
                    N O
```

רָקִיעַ	תַּחַת	מָקוֹם
תּוֹךְ	כֵּן	יַבָּשָׁה
עָשָׂה	שֵׁנִי	יָם
אֲשֶׁר	מִקְוֵה	עֵשֶׂב

Crossword Puzzle!!!

<u>Directions – read carefully:</u> Write the correct meanings of the Hebrew words below into the correct boxes of the crossword puzzle. Words can be written across or down and START with a number in their box.

Across

1. שֵׁנִי
3. תּוֹךְ
5. עָשָׂה
6. אֲשֶׁר
9. יַבָּשָׁה
10. עֵשֶׂב
12. מָקוֹם

Down

2. מִקְוֵה
4. יָם
7. תַּחַת
8. רָקִיעַ
11. כֵּן

Unit ג שֵׁם ____________________

1.

2.

3.

4.

5.

6.

7.

8.

9.

10.

11.

12.

Climbing

הַר סִינַי

ד

seed	זֶרַע
tree	עֵץ
fruit	פְּרִי
type/kind	מִין
go out	יָצָא
third	שְׁלִישִׁי
sign/letter	אוֹת
seasons	מוֹעֲדִים
year	שָׁנָה
big/great/ independent/ adult	גָדוֹל
small/child	קָטָן
stars	כוֹכָבִים

<u>Directions - read carefully:</u> Find and <u>underline</u> the vocabulary word in the passuk, this is the שֹׁרֶשׁ of the word. This is the very first time this word is found in the Chumash!!!

פסוקים		
(א,יא) וַיֹּאמֶר אֱלֹקִים תַּדְשֵׁא הָאָרֶץ דֶּשֶׁא עֵשֶׂב מַזְרִיעַ זֶרַע עֵץ פְּרִי עֹשֶׂה פְּרִי לְמִינוֹ אֲשֶׁר זַרְעוֹ בוֹ עַל הָאָרֶץ וַיְהִי כֵן	זֶרַע	seed
(א,יא) וַיֹּאמֶר אֱלֹקִים תַּדְשֵׁא הָאָרֶץ דֶּשֶׁא עֵשֶׂב מַזְרִיעַ זֶרַע עֵץ פְּרִי עֹשֶׂה פְּרִי לְמִינוֹ אֲשֶׁר זַרְעוֹ בוֹ עַל הָאָרֶץ וַיְהִי כֵן	עֵץ	tree
(א,יא) וַיֹּאמֶר אֱלֹקִים תַּדְשֵׁא הָאָרֶץ דֶּשֶׁא עֵשֶׂב מַזְרִיעַ זֶרַע עֵץ פְּרִי עֹשֶׂה פְּרִי לְמִינוֹ אֲשֶׁר זַרְעוֹ בוֹ עַל הָאָרֶץ וַיְהִי כֵן	פְּרִי	fruit
(א,יא) וַיֹּאמֶר אֱלֹקִים תַּדְשֵׁא הָאָרֶץ דֶּשֶׁא עֵשֶׂב מַזְרִיעַ זֶרַע עֵץ פְּרִי עֹשֶׂה פְּרִי לְמִינוֹ אֲשֶׁר זַרְעוֹ בוֹ עַל הָאָרֶץ וַיְהִי כֵן	מִין	type/kind
(א,יב) וַתּוֹצֵא הָאָרֶץ דֶּשֶׁא עֵשֶׂב מַזְרִיעַ זֶרַע לְמִינֵהוּ וְעֵץ עֹשֶׂה פְּרִי אֲשֶׁר זַרְעוֹ בוֹ לְמִינֵהוּ וַיַּרְא אֱלֹקִים כִּי טוֹב	יָצָא	go out
(א,יג) וַיְהִי עֶרֶב וַיְהִי בֹקֶר יוֹם שְׁלִישִׁי	שְׁלִישִׁי	third
(א,יד) וַיֹּאמֶר אֱלֹקִים יְהִי מְאֹרֹת בִּרְקִיעַ הַשָּׁמַיִם לְהַבְדִּיל בֵּין הַיּוֹם וּבֵין הַלָּיְלָה וְהָיוּ לְאֹתֹת וּלְמוֹעֲדִים וּלְיָמִים וְשָׁנִים	אוֹת	sign/letter
(א,יד) וַיֹּאמֶר אֱלֹקִים יְהִי מְאֹרֹת בִּרְקִיעַ הַשָּׁמַיִם לְהַבְדִּיל בֵּין הַיּוֹם וּבֵין הַלָּיְלָה וְהָיוּ לְאֹתֹת וּלְמוֹעֲדִים וּלְיָמִים וְשָׁנִים	מוֹעֲדִים	seasons
(א,יד) וַיֹּאמֶר אֱלֹקִים יְהִי מְאֹרֹת בִּרְקִיעַ הַשָּׁמַיִם לְהַבְדִּיל בֵּין הַיּוֹם וּבֵין הַלָּיְלָה וְהָיוּ לְאֹתֹת וּלְמוֹעֲדִים וּלְיָמִים וְשָׁנִים	שָׁנָה	year
(א,טז) וַיַּעַשׂ אֱלֹקִים אֶת שְׁנֵי הַמְּאֹרֹת הַגְּדֹלִים אֶת הַמָּאוֹר הַגָּדֹל לְמֶמְשֶׁלֶת הַיּוֹם וְאֶת הַמָּאוֹר הַקָּטֹן לְמֶמְשֶׁלֶת הַלַּיְלָה וְאֵת הַכּוֹכָבִים	גָּדוֹל	big/great/ independent/ adult
(א,טז) וַיַּעַשׂ אֱלֹקִים אֶת שְׁנֵי הַמְּאֹרֹת הַגְּדֹלִים אֶת הַמָּאוֹר הַגָּדֹל לְמֶמְשֶׁלֶת הַיּוֹם וְאֶת הַמָּאוֹר הַקָּטֹן לְמֶמְשֶׁלֶת הַלַּיְלָה וְאֵת הַכּוֹכָבִים	קָטָן	small/child
(א,טז) וַיַּעַשׂ אֱלֹקִים אֶת שְׁנֵי הַמְּאֹרֹת הַגְּדֹלִים אֶת הַמָּאוֹר הַגָּדֹל לְמֶמְשֶׁלֶת הַיּוֹם וְאֶת הַמָּאוֹר הַקָּטֹן לְמֶמְשֶׁלֶת הַלַּיְלָה וְאֵת הַכּוֹכָבִים	כּוֹכָבִים	stars

MATCHING FUN!!! ד

<u>Directions – read carefully</u>: Draw a line from the Hebrew word to its correct translation

type/kind	זֶרַע
seed	פְּרִי
fruit	עֵץ
tree	מִין

seed	מִין
type/kind	פְּרִי
tree	זֶרַע
fruit	עֵץ

type/kind	עֵץ
fruit	מִין
seed	זֶרַע
tree	פְּרִי

seasons	שְׁלִישִׁי
third	יָצָא
go out	אות
sign	מוֹעֲדִים

third	אות
go out	שְׁלִישִׁי
sign	יָצָא
seasons	מוֹעֲדִים

go out	יָצָא
third	מוֹעֲדִים
seasons	שְׁלִישִׁי
letter	אות

year	גָדול
child	כּוֹכָבִים
adult	שָׁנָה
stars	קָטָן

great	גָדול
stars	קָטָן
year	כּוֹכָבִים
small	שָׁנָה

stars	שָׁנָה
year	גָדול
small	כּוֹכָבִים
big	קָטָן

seed	מִין
tree	עֵץ
letter	פְּרִי
go out	זֶרַע
stars	מוֹעֲדִים
seasons	יָצָא
child	שְׁלִישִׁי
fruit	קָטָן
large	כּוֹכָבִים
year	גָדול
type/kind	שָׁנָה
third	אות

fruit	גָדול
small	מוֹעֲדִים
go out	יָצָא
year	עֵץ
third/third	שָׁנָה
stars	פְּרִי
seed	זֶרַע
tree	שְׁלִישִׁי
independent	מִין
sign	כּוֹכָבִים
type/kind	קָטָן
seasons	אות

GEMATRIA FUN!!!

<u>**Directions - read carefully:**</u> Each letter of the Hebrew Alphabet is given a number value. Fill in the blank space above the numbers with the correct Hebrew letter that matches that number. After you decoded these Hebrew words draw a line to the correct translation.
(Look at the back page of this book for some gematria help!)

30 6 4 3	• seed
10 200 80	• tree
40 10 2 20 6 20	• fruit
1 90 10	• type/kind
70 200 7	• go out
5 50 300	• third
40 10 4 70 6 40	• sign/letter
50 10 40	• seasons
400 6 1	• year
50 9 100	• big/great/ independent/adult
90 70	• small/child
10 300 10 30 300	• stars

Word Search!!!

<u>Directions – read carefully:</u> Search in the word jumble to find the correct meanings of the Hebrew words below. Circle the words when you find them.

CAREFUL--The words can be written forwards, backwards, or even diagonally.

BONUS--There may be more than one translation for each Hebrew word.

```
S E A S O N S U R S B K        L L A M S H
S         S R L V I M L          J X W Z
W         E I C R Z V K W          S J
S         A G P R I F K I    B I    T J
Y         S Q D U V D F T    Z T    V U
N O T F E O Y A J N T T R Q A Z J H I V H M N T
M Z I K U N T D B N K R W U N Q D G R D U E N C X E
Y E W N O S F V O S S H L M I C U I B T C E H B E P
H J J N R H A S U I T L U D A T G R S T D T A R A F
J T L A R G E B I G G R E A T O Z O E N Y I T E M I
O W E D R I H T T N O Q T M J M D U E M P N Q D U
L Y B K L P D O Q G O X H J M L Q P D R D G V D P
K K T S D K T P A B U F H G R Z E Y D C P T U U W
L O Y H R L I S I K T Z U P V D K P U U A I P E S O
E C P T P A I J A V O W Q T N Z O P I F Z M E N F K J
X B E A Y Z T H R B E I V I K I U Z S I X E V G J Q U N
N V G Z A D R S C H J P S E I C E P S P Q S T U I U S L W
   V R U M W   W B U G P   J A B X O   S F F U B
   U J B      S Z B       B U K       V D R
```

זֶרַע   יָצָא   שָׁנָה

עֵץ   שְׁלִישִׁי   גָּדוֹל

פְּרִי   אוֹת   קָטָן

מִין   מוֹעֲדִים   כּוֹכָבִים

30

Crossword Puzzle!!!

Directions – read carefully: Write the correct meanings of the Hebrew words below into the correct boxes of the crossword puzzle. Words can be written across or down and START with a number in their box.

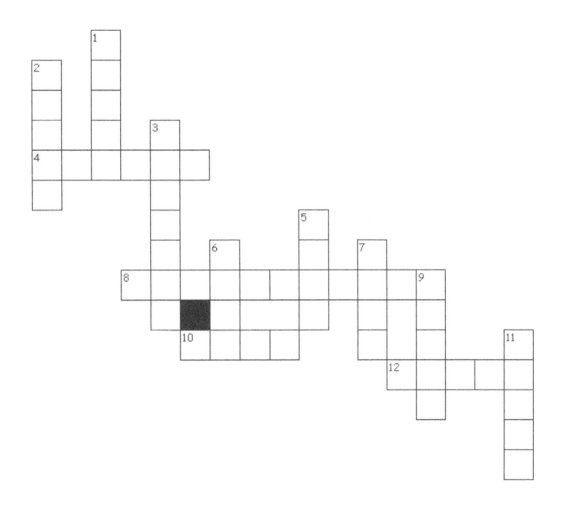

Across

4. אוֹת
8. גָּדוֹל
10. עֵץ
12. פְּרִי

Down

1. יָצָא
2. קָטָן
3. מוֹעֲדִים
5. מִין
6. שָׁנָה
7. זֶרַע
9. שְׁלִישִׁי
11. כּוֹכָבִים

Unit ד

שֵׁם ______________________

1.

2.

3.

4.

5.

6.

7.

8.

9.

10.

11.

12.

Climbing

הַר סִינַי

ה

give	נָתֹן
fourth	רְבִיעִי
crawler	שֶׁרֶץ
soul/person/creature	נֶפֶשׁ
life	חַי
bird	עוֹף
giant fish	תַּנִּינִם
all/every	כֹּל
creep	רֶמֶשׂ
wing/corner	כָּנָף
bless	בָּרֵךְ
many/multiply/increase	רָב

Directions - read carefully: Find and underline the vocabulary word in the passuk, this is the שֹׁרֶשׁ of the word. This is the very first time this word is found in the Chumash!!!

פסוקים		
(א,יז) וַיִּתֵּן אֹתָם אֱלֹקִים בִּרְקִיעַ הַשָּׁמָיִם לְהָאִיר עַל הָאָרֶץ	**נָתֹן**	give
(א,יט) וַיְהִי עֶרֶב וַיְהִי בֹקֶר יוֹם רְבִיעִי	**רְבִיעִי**	fourth
(א,כ) וַיֹּאמֶר אֱלֹקִים יִשְׁרְצוּ הַמַּיִם שֶׁרֶץ נֶפֶשׁ חַיָּה וְעוֹף יְעוֹפֵף עַל הָאָרֶץ עַל פְּנֵי רְקִיעַ הַשָּׁמָיִם	**שֶׁרֶץ**	crawler
(א,כ) וַיֹּאמֶר אֱלֹקִים יִשְׁרְצוּ הַמַּיִם שֶׁרֶץ נֶפֶשׁ חַיָּה וְעוֹף יְעוֹפֵף עַל הָאָרֶץ עַל פְּנֵי רְקִיעַ הַשָּׁמָיִם	**נֶפֶשׁ**	soul/person/creature
(א,כ) וַיֹּאמֶר אֱלֹקִים יִשְׁרְצוּ הַמַּיִם שֶׁרֶץ נֶפֶשׁ חַיָּה וְעוֹף יְעוֹפֵף עַל הָאָרֶץ עַל פְּנֵי רְקִיעַ הַשָּׁמָיִם	**חַי**	life
(א,כ) וַיֹּאמֶר אֱלֹקִים יִשְׁרְצוּ הַמַּיִם שֶׁרֶץ נֶפֶשׁ חַיָּה וְעוֹף יְעוֹפֵף עַל הָאָרֶץ עַל פְּנֵי רְקִיעַ הַשָּׁמָיִם	**עוֹף**	bird
(א,כא) וַיִּבְרָא אֱלֹקִים אֶת הַתַּנִּינִם הַגְּדֹלִים וְאֵת כָּל נֶפֶשׁ הַחַיָּה הָרֹמֶשֶׂת אֲשֶׁר שָׁרְצוּ הַמַּיִם לְמִינֵהֶם וְאֵת כָּל עוֹף כָּנָף לְמִינֵהוּ וַיַּרְא אֱלֹקִים כִּי טוֹב	**תַּנִּינִם**	giant fish
(א,כא) וַיִּבְרָא אֱלֹקִים אֶת הַתַּנִּינִם הַגְּדֹלִים וְאֵת כָּל נֶפֶשׁ הַחַיָּה הָרֹמֶשֶׂת אֲשֶׁר שָׁרְצוּ הַמַּיִם לְמִינֵהֶם וְאֵת כָּל עוֹף כָּנָף לְמִינֵהוּ וַיַּרְא אֱלֹקִים כִּי טוֹב	**כֹּל**	all/every
(א,כא) וַיִּבְרָא אֱלֹקִים אֶת הַתַּנִּינִם הַגְּדֹלִים וְאֵת כָּל נֶפֶשׁ הַחַיָּה הָרֹמֶשֶׂת אֲשֶׁר שָׁרְצוּ הַמַּיִם לְמִינֵהֶם וְאֵת כָּל עוֹף כָּנָף לְמִינֵהוּ וַיַּרְא אֱלֹקִים כִּי טוֹב	**רֶמֶשׂ**	creep
(א,כא) וַיִּבְרָא אֱלֹקִים אֶת הַתַּנִּינִם הַגְּדֹלִים וְאֵת כָּל נֶפֶשׁ הַחַיָּה הָרֹמֶשֶׂת אֲשֶׁר שָׁרְצוּ הַמַּיִם לְמִינֵהֶם וְאֵת כָּל עוֹף כָּנָף לְמִינֵהוּ וַיַּרְא אֱלֹקִים כִּי טוֹב	**כָּנָף**	wing/corner
(א,כב) וַיְבָרֶךְ אֹתָם אֱלֹקִים לֵאמֹר פְּרוּ וּרְבוּ וּמִלְאוּ אֶת הַמַּיִם בַּיַּמִּים וְהָעוֹף יִרֶב בָּאָרֶץ	**בָּרֵךְ**	bless
(א,כב) וַיְבָרֶךְ אֹתָם אֱלֹקִים לֵאמֹר פְּרוּ וּרְבוּ וּמִלְאוּ אֶת הַמַּיִם בַּיַּמִּים וְהָעוֹף יִרֶב בָּאָרֶץ	**רָב**	many/multiply/increase

MATCHING FUN!!! ה

Directions - read carefully: Draw a line from the Hebrew word to its correct translation

crawler	נָתַן
give	רְבִיעִי
soul	שֶׁרֶץ
fourth	נֶפֶשׁ

give	נֶפֶשׁ
crawler	רְבִיעִי
fourth	נָתַן
creature	שֶׁרֶץ

crawler	שֶׁרֶץ
person	נֶפֶשׁ
give	נָתַן
fourth	רְבִיעִי

life	חַי
bird	עוֹף
every	תַּנִּינִם
giant fish	כֹּל

bird	תַּנִּינִם
all	חַי
giant fish	עוֹף
life	כֹּל

all	עוֹף
bird	כֹּל
life	חַי
giant fish	תַּנִּינִם

corner	רַב
bless	רֶמֶשׂ
creep	כָּנָף
multiply	בָּרֵךְ

creep	רַב
many	בָּרֵךְ
wing	רֶמֶשׂ
bless	כָּנָף

increase	כָּנָף
wing	רַב
bless	רֶמֶשׂ
creep	בָּרֵךְ

give	נֶפֶשׁ
fourth	שֶׁרֶץ
giant fish	רְבִיעִי
every	נָתַן
multiply	כֹּל
life	עוֹף
bless	חַי
soul	בָּרֵךְ
crawler	רֶמֶשׂ
corner	רַב
creep	כָּנָף
bird	תַּנִּינִם

creature	רַב
bless	כֹּל
all	עוֹף
wing	שֶׁרֶץ
bird	כָּנָף
increase	רְבִיעִי
give	נָתַן
fourth	חַי
creep	נֶפֶשׁ
giant fish	רֶמֶשׂ
crawler	בָּרֵךְ
life	תַּנִּינִם

GEMATRIA FUN!!!

<u>Directions – read carefully:</u> Each letter of the Hebrew Alphabet is given a number value. Fill in the blank space above the numbers with the correct Hebrew letter that matches that number. After you decoded these Hebrew words draw a line to the correct translation.
(Look at the back page of this book for some gematria help!)

10	70	10	2	200

          90   200   300

               2   200

          50   400   50

          80   6   70

        300   40   200

40   10   50   10   50   400

        300   80   50

         20   200   2

            30   20

            10   8

         80   50   20

- fourth
- creep
- soul/person/ creature
- life
- bird
- give
- giant fish
- all/every
- crawler
- wing/corner
- bless
- many/multiply/ increase

Word Search!!!

__Directions - read carefully:__ Search in the word jumble to find the correct meanings of the Hebrew words below. Circle the words when you find them.

BONUS--There may be more than one translation for each Hebrew word.

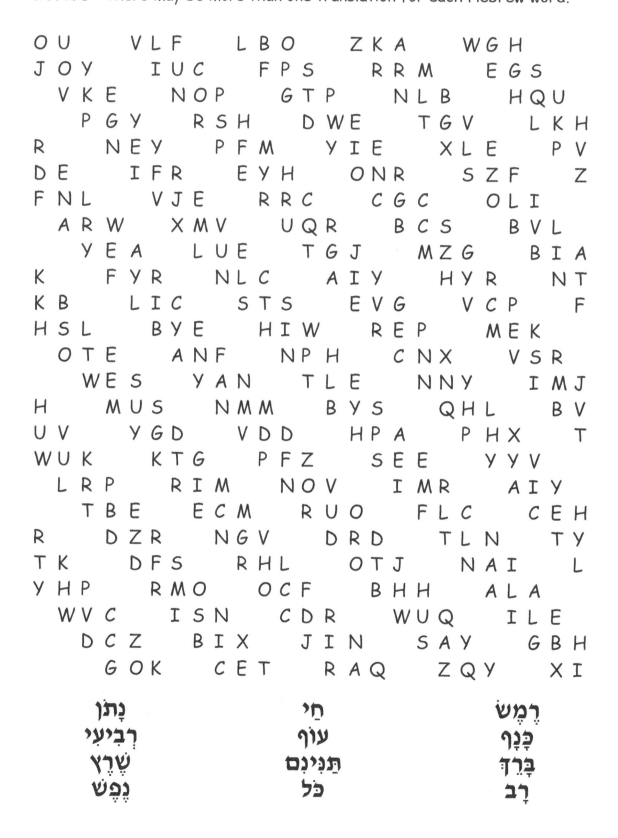

O U V L F L B O Z K A W G H
J O Y I U C F P S R R M E G S
V K E N O P G T P N L B H Q U
P G Y R S H D W E T G V L K H
R N E Y P F M Y I E X L E P V
D E I F R E Y H O N R S Z F Z
F N L V J E R R C C G C O L I
A R W X M V U Q R B C S B V L
Y E A L U E T G J M Z G B I A
K F Y R N L C A I Y H Y R N T
K B L I C S T S E V G V C P F
H S L B Y E H I W R E P M E K
O T E A N F N P H C N X V S R
W E S Y A N T L E N N Y I M J
H M U S N M M B Y S Q H L B V
U V Y G D V D D H P A P H X T
W U K K T G P F Z S E E Y Y V
L R P R I M N O V I M R A I Y
T B E E C M R U O F L C C E H
R D Z R N G V D R D T L N T Y
T K D F S R H L O T J N A I L
Y H P R M O O C F B H H A L A
W V C I S N C D R W U Q I L E
D C Z B I X J I N S A Y G B H
G O K C E T R A Q Z Q Y X I

נָתֹן	חַי	רֶמֶשׂ
רְבִיעִי	עוֹף	כָּנָף
שֶׁרֶץ	תַּנִּינִם	בָּרֵךְ
נֶפֶשׁ	כֹּל	רָב

Crossword Puzzle!!!

Directions – read carefully: Write the correct meanings of the Hebrew words below into the correct boxes of the crossword puzzle. Words can be written across or down and START with a number in their box.

Across	Down
2. כֹּל	1. שֶׁרֶץ
3. נָתַן	3. תַּנִּינִם
4. כָּנָף	7. חַי
5. רְבִיעִי	8. בָּרֵךְ
6. נֶפֶשׁ	9. עוֹף
10. רָב	11. רֶמֶשׂ

Unit ה שֵׁם

1.

2.

3.

4.

5.

6.

7.

8.

9.

10.

11.

12.

Climbing

הַר סִינַי

ו

full	מָלֵא
fifth	חֲמִישִׁי
domestic animal	בְּהֵמָה
wild animal	חַיָה
man	אָדָם
reflection	צֶלֶם
go down/descend	יָרַד
fish	דָג
male	זָכָר
female	נְקֵבָה
behold/ pay attention	הִנֵּה
eat	אוֹכֵל
vegetable	יֶרֶק

Directions - read carefully: Find and underline the vocabulary word in the passuk, this is the שֹׁרֶשׁ of the word. This is the very first time this word is found in the Chumash!!!

פסוקים		
(א,כב) וַיְבָרֶךְ אֹתָם אֱלֹקִים לֵאמֹר פְּרוּ וּרְבוּ וּמִלְאוּ אֶת הַמַּיִם בַּיַּמִּים וְהָעוֹף יִרֶב בָּאָרֶץ	מָלֵא	full
(א,כג) וַיְהִי עֶרֶב וַיְהִי בֹקֶר יוֹם חֲמִישִׁי	חֲמִישִׁי	fifth
(א,כד) וַיֹּאמֶר אֱלֹקִים תּוֹצֵא הָאָרֶץ נֶפֶשׁ חַיָּה לְמִינָהּ בְּהֵמָה וָרֶמֶשׂ וְחַיְתוֹ אֶרֶץ לְמִינָהּ וַיְהִי כֵן	בְּהֵמָה	domestic animal
(א,כד) וַיֹּאמֶר אֱלֹקִים תּוֹצֵא הָאָרֶץ נֶפֶשׁ חַיָּה לְמִינָהּ בְּהֵמָה וָרֶמֶשׂ וְחַיְתוֹ אֶרֶץ לְמִינָהּ וַיְהִי כֵן	חַיָּה	wild animal
(א,כו) וַיֹּאמֶר אֱלֹקִים נַעֲשֶׂה אָדָם בְּצַלְמֵנוּ כִּדְמוּתֵנוּ וְיִרְדּוּ בִדְגַת הַיָּם וּבְעוֹף הַשָּׁמַיִם וּבַבְּהֵמָה וּבְכָל הָאָרֶץ וּבְכָל הָרֶמֶשׂ הָרֹמֵשׂ עַל הָאָרֶץ	אָדָם	man
(א,כו) וַיֹּאמֶר אֱלֹקִים נַעֲשֶׂה אָדָם בְּצַלְמֵנוּ כִּדְמוּתֵנוּ וְיִרְדּוּ בִדְגַת הַיָּם וּבְעוֹף הַשָּׁמַיִם וּבַבְּהֵמָה וּבְכָל הָאָרֶץ וּבְכָל הָרֶמֶשׂ הָרֹמֵשׂ עַל הָאָרֶץ	צֶלֶם	reflection
(א,כו) וַיֹּאמֶר אֱלֹקִים נַעֲשֶׂה אָדָם בְּצַלְמֵנוּ כִּדְמוּתֵנוּ וְיִרְדּוּ בִדְגַת הַיָּם וּבְעוֹף הַשָּׁמַיִם וּבַבְּהֵמָה וּבְכָל הָאָרֶץ וּבְכָל הָרֶמֶשׂ הָרֹמֵשׂ עַל הָאָרֶץ	יָרַד	go down/ descend
(א,כו) וַיֹּאמֶר אֱלֹקִים נַעֲשֶׂה אָדָם בְּצַלְמֵנוּ כִּדְמוּתֵנוּ וְיִרְדּוּ בִדְגַת הַיָּם וּבְעוֹף הַשָּׁמַיִם וּבַבְּהֵמָה וּבְכָל הָאָרֶץ וּבְכָל הָרֶמֶשׂ הָרֹמֵשׂ עַל הָאָרֶץ	דָּג	fish
(א,כז) וַיִּבְרָא אֱלֹקִים אֶת הָאָדָם בְּצַלְמוֹ בְּצֶלֶם אֱלֹקִים בָּרָא אֹתוֹ זָכָר וּנְקֵבָה בָּרָא אֹתָם	זָכָר	male
(א,כז) וַיִּבְרָא אֱלֹקִים אֶת הָאָדָם בְּצַלְמוֹ בְּצֶלֶם אֱלֹקִים בָּרָא אֹתוֹ זָכָר וּנְקֵבָה בָּרָא אֹתָם	נְקֵבָה	female
(א,כט) וַיֹּאמֶר אֱלֹקִים הִנֵּה נָתַתִּי לָכֶם אֶת כָּל עֵשֶׂב זֹרֵעַ זֶרַע אֲשֶׁר עַל פְּנֵי כָל הָאָרֶץ וְאֶת כָּל הָעֵץ אֲשֶׁר בּוֹ פְרִי עֵץ זֹרֵעַ זָרַע לָכֶם יִהְיֶה לְאָכְלָה	הִנֵּה	behold/ pay attention
(א,כט) וַיֹּאמֶר אֱלֹקִים הִנֵּה נָתַתִּי לָכֶם אֶת כָּל עֵשֶׂב זֹרֵעַ זֶרַע אֲשֶׁר עַל פְּנֵי כָל הָאָרֶץ וְאֶת כָּל הָעֵץ אֲשֶׁר בּוֹ פְרִי עֵץ זֹרֵעַ זָרַע לָכֶם יִהְיֶה לְאָכְלָה	אוֹכֵל	eat
(א,ל) וּלְכָל חַיַּת הָאָרֶץ וּלְכָל עוֹף הַשָּׁמַיִם וּלְכֹל רוֹמֵשׂ עַל הָאָרֶץ אֲשֶׁר בּוֹ נֶפֶשׁ חַיָּה אֶת כָּל יֶרֶק עֵשֶׂב לְאָכְלָה וַיְהִי כֵן	יֶרֶק	vegetable

MATCHING FUN!!! ו

Directions - read carefully: Draw a line from the Hebrew word to its correct translation

full	מָלֵא
domesticated animal	חֲמִישִׁי
living	בְּהֵמָה
fifth	חַיָּה

domesticated animal	חַיָּה
full	חֲמִישִׁי
fifth	מָלֵא
wild animal	בְּהֵמָה

full	בְּהֵמָה
wild animal	חַיָּה
domesticated animal	מָלֵא
fifth	חֲמִישִׁי

reflection	אָדָם
male	צֶלֶם
man	דָּג
fish	זָכָר
go down/descend	יָרַד

remember	דָּג
man	אָדָם
go down/descend	צֶלֶם
fish	יָרַד
reflection	זָכָר

man	צֶלֶם
reflection	יָרַד
male	זָכָר
go down/descend	אָדָם
fish	דָּג

pay attention	אוֹכֵל
food	נְקֵבָה
female	יֶרֶק
vegetable	הִנֵּה

female	אוֹכֵל
vegetable	הִנֵּה
behold	נְקֵבָה
food	יֶרֶק

vegetable	יֶרֶק
pay attention	אוֹכֵל
food	נְקֵבָה
female	הִנֵּה

domesticated animal	חַיָּה
fifth	בְּהֵמָה
fish	חֲמִישִׁי
go down/descend	מָלֵא
vegetable	זָכָר
reflection	צֶלֶם
food	אָדָם
living	הִנֵּה
female	נְקֵבָה
pay attention	אוֹכֵל
full	יֶרֶק
male	דָּג
man	יָרַד

wild animal	אוֹכֵל
food	זָכָר
man	צֶלֶם
behold	בְּהֵמָה
go down/descend	יֶרֶק
remember	יָרַד
vegetable	חֲמִישִׁי
domesticated animal	מָלֵא
fifth	אָדָם
female	חַיָּה
fish	נְקֵבָה
full	הִנֵּה
reflection	דָּג

GEMATRIA FUN!!!

<u>Directions - read carefully:</u> Each letter of the Hebrew Alphabet is given a number value. Fill in the blank space above the numbers with the correct Hebrew letter that matches that number. After you decoded these Hebrew words draw a line to the correct translation.
(Look at the back page of this book for some gematria help!)

10	300	10	40	8

200	20	7

4	200	10

3	4

5	50	5

5	10	8

100	200	10

5	40	5	2

40	4	1

40	30	90

1	30	40

30	20	6	1

5	2	100	50

- fifth

- full

- domestic animal

- wild animal

- man

- eat

- go down/descend

- fish

- male

- female

- behold/pay attention

- vegetable

- reflection

45

Word Search!!!

<u>**Directions – read carefully:**</u> Search in the word jumble to find the correct meanings of the Hebrew words below. Circle the words when you find them.

CAREFUL--The words can be written forwards, backwards, or even diagonally.

BONUS--There may be more than one translation for each Hebrew word.

X	Q	H	T	D	V	D	H	T	K	D	K	E	A	T
Z	X	T	T	N	B	O	J	R	Z	Q	W	L	I	Q
V	U	F	P	A	W	M	R	D	C	U	N	A	R	P
U	Y	I	A	M	I	E	E	S	M	O	A	M	T	G
P	J	F	Y	D	L	S	F	C	M	C	W	E	O	O
K	Q	I	A	X	D	T	L	X	B	I	J	F	P	Q
H	E	D	T	O	A	I	E	H	J	L	L	U	F	R
X	L	K	T	F	N	C	C	K	W	G	V	J	K	D
Y	B	X	E	I	I	A	T	C	A	X	D	B	Z	T
W	A	J	N	S	M	N	I	V	T	L	N	B	V	K
W	T	O	T	H	A	I	O	C	B	S	E	C	E	T
L	E	P	I	E	L	M	N	L	O	H	C	E	B	Z
T	G	N	O	M	M	A	L	E	O	H	S	G	Q	Z
V	E	C	N	X	A	L	B	L	J	S	E	X	U	J
V	V	E	A	O	G	O	D	O	W	N	D	M	P	N

	יָרַד	
מָלֵא	אָדָם	נְקֵבָה
חֲמִישִׁי	צֶלֶם	הִנֵּה
בְּהֵמָה	דָּג	אוֹכֵל
חַיָּה	זָכָר	יֶרֶק

Crossword Puzzle!!!

Directions – read carefully: Write the correct meanings of the Hebrew words below into the correct boxes of the crossword puzzle. Words can be written across or down and START with a number in their box.

Across
2. יָרַד
4. הִנֵּה
6. יֶרֶק
8. צֶלֶם
9. חַיָּה
10. זָכָר
11. מָלֵא
12. חֲמִישִׁי

Down
1. נְקֵבָה
3. בְּהֵמָה
5. אָדָם
7. אוֹכֵל
11. דָּג

Unit ו   שֵׁם ________

1.

2.

3.

4.

5.

6.

7.

8.

9.

10.

11.

12.

Climbing

הַר סִינַי

ז

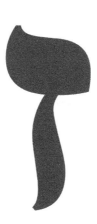

very	מְאֹד
sixth	שִׁשִּׁי
army/stars	צְבָא
seventh	שְׁבִיעִי
work	מְלָאכָה
Shabbos/rest	שַׁבָּת
special/unique/holy	קֹדֶשׁ
these	אֵלֶּה
generations/events	תּוֹלְדוֹת
HaShem/ The Eternal One	יְיָ
growth (from the earth)	שִׂיחַ
field	שָׂדֶה

Directions - read carefully: Find and underline the vocabulary word in the passuk, this is the שֹׁרֶשׁ of the word. This is the very first time this word is found in the Chumash!!!

פסוקים		
(א,לא) וַיַּרְא אֱלֹקִים אֶת כָּל אֲשֶׁר עָשָׂה וְהִנֵּה טוֹב מְאֹד וַיְהִי עֶרֶב וַיְהִי בֹקֶר יוֹם הַשִּׁשִּׁי	מְאֹד	very
(א,לא) וַיַּרְא אֱלֹקִים אֶת כָּל אֲשֶׁר עָשָׂה וְהִנֵּה טוֹב מְאֹד וַיְהִי עֶרֶב וַיְהִי בֹקֶר יוֹם הַשִּׁשִּׁי	שִׁשִּׁי	sixth
(ב,א) וַיְכֻלּוּ הַשָּׁמַיִם וְהָאָרֶץ וְכָל צְבָאָם	צָבָא	army/stars
(ב,ב) וַיְכַל אֱלֹקִים בַּיּוֹם הַשְּׁבִיעִי מְלַאכְתּוֹ אֲשֶׁר עָשָׂה וַיִּשְׁבֹּת בַּיּוֹם הַשְּׁבִיעִי מִכָּל מְלַאכְתּוֹ אֲשֶׁר עָשָׂה	שְׁבִיעִי	seventh
(ב,ב) וַיְכַל אֱלֹקִים בַּיּוֹם הַשְּׁבִיעִי מְלַאכְתּוֹ אֲשֶׁר עָשָׂה וַיִּשְׁבֹּת בַּיּוֹם הַשְּׁבִיעִי מִכָּל מְלַאכְתּוֹ אֲשֶׁר עָשָׂה	מְלָאכָה	work
(ב,ב) וַיְכַל אֱלֹקִים בַּיּוֹם הַשְּׁבִיעִי מְלַאכְתּוֹ אֲשֶׁר עָשָׂה וַיִּשְׁבֹּת בַּיּוֹם הַשְּׁבִיעִי מִכָּל מְלַאכְתּוֹ אֲשֶׁר עָשָׂה	שַׁבָּת	Shabbos/rest
(ב,ג) וַיְבָרֶךְ אֱלֹקִים אֶת יוֹם הַשְּׁבִיעִי וַיְקַדֵּשׁ אֹתוֹ כִּי בוֹ שָׁבַת מִכָּל מְלַאכְתּוֹ אֲשֶׁר בָּרָא אֱלֹקִים לַעֲשׂוֹת	קֹדֶשׁ	special/unique/holy
(ב,ד) אֵלֶּה תוֹלְדוֹת הַשָּׁמַיִם וְהָאָרֶץ בְּהִבָּרְאָם בְּיוֹם עֲשׂוֹת יְיָ אֱלֹקִים אֶרֶץ וְשָׁמָיִם	אֵלֶּה	these
(ב,ד) אֵלֶּה תוֹלְדוֹת הַשָּׁמַיִם וְהָאָרֶץ בְּהִבָּרְאָם בְּיוֹם עֲשׂוֹת יְיָ אֱלֹקִים אֶרֶץ וְשָׁמָיִם	תּוֹלְדוֹת	generations/events
(ב,ד) אֵלֶּה תוֹלְדוֹת הַשָּׁמַיִם וְהָאָרֶץ בְּהִבָּרְאָם בְּיוֹם עֲשׂוֹת יְיָ אֱלֹקִים אֶרֶץ וְשָׁמָיִם	יְיָ	HaShem/ The Eternal One
(ב,ה) וְכֹל שִׂיחַ הַשָּׂדֶה טֶרֶם יִהְיֶה בָאָרֶץ וְכָל עֵשֶׂב הַשָּׂדֶה טֶרֶם יִצְמָח כִּי לֹא הִמְטִיר יְיָ אֱלֹקִים עַל הָאָרֶץ וְאָדָם אַיִן לַעֲבֹד אֶת הָאֲדָמָה	שִׂיחַ	growth (from the earth)
(ב,ה) וְכֹל שִׂיחַ הַשָּׂדֶה טֶרֶם יִהְיֶה בָאָרֶץ וְכָל עֵשֶׂב הַשָּׂדֶה טֶרֶם יִצְמָח כִּי לֹא הִמְטִיר יְיָ אֱלֹקִים עַל הָאָרֶץ וְאָדָם אַיִן לַעֲבֹד אֶת הָאֲדָמָה	שָׂדֶה	field

MATCHING FUN!!! ז

Directions - read carefully: Draw a line from the Hebrew word to its correct translation

army/stars	מְאֹד
seventh	שִׁשִּׁי
sixth	צָבָא
very	שְׁבִיעִי

seventh	שְׁבִיעִי
army/stars	שִׁשִּׁי
very	מְאֹד
sixth	צָבָא

army/stars	צָבָא
sixth	שְׁבִיעִי
seventh	מְאֹד
very	שִׁשִּׁי

Shabbos/rest	מְלָאכָה
special/unique/holy	שַׁבָּת
these	קֹדֶשׁ
work	אֵלֶּה

special/unique/holy	קֹדֶשׁ
these	מְלָאכָה
work	שַׁבָּת
Shabbos/rest	אֵלֶּה

these	שַׁבָּת
special/unique/holy	אֵלֶּה
Shabbos/rest	מְלָאכָה
work	קֹדֶשׁ

growth (from the earth)	תּוֹלְדוֹת
field	יְיָ
generations/events	שִׂיחַ
Hashem/The Eternal One	שָׂדֶה

generations/events	תּוֹלְדוֹת
Hashem/The Eternal One	שָׂדֶה
growth (from the earth)	יְיָ
field	שִׂיחַ

Hashem/The Eternal One	שִׂיחַ
growth (from the earth)	תּוֹלְדוֹת
field	יְיָ
generations/events	שָׂדֶה

seventh	שְׁבִיעִי
very	צָבָא
work	שִׁשִּׁי
these	מְאֹד
Hashem/The Eternal One	אֵלֶּה
Shabbos/rest	שַׁבָּת
field	מְלָאכָה
sixth	שָׂדֶה
generations/events	יְיָ
growth (from the earth)	תּוֹלְדוֹת
army/stars	שִׂיחַ
special/unique/holy	קֹדֶשׁ

sixth	תּוֹלְדוֹת
field	אֵלֶּה
these	שַׁבָּת
growth (from the earth)	צָבָא
special/unique/holy	שִׂיחַ
Hashem/The Eternal One	שִׁשִּׁי
seventh	מְאֹד
very	מְלָאכָה
generations/events	שְׁבִיעִי
work	יְיָ
army/stars	שָׂדֶה
Shabbos/rest	קֹדֶשׁ

GEMATRIA FUN!!!

Directions – read carefully: Each letter of the Hebrew Alphabet is given a number value. Fill in the blank space above the numbers with the correct Hebrew letter that matches that number. After you decoded these Hebrew words draw a line to the correct translation.
(Look at the back page of this book for some gematria help!)

‾‾ ‾‾ ‾‾ ‾‾ ‾‾ 5 20 1 30 40	• very
‾‾ ‾‾ ‾‾ 10 300 300	• sixth
‾‾ ‾‾ 10 10	• army/stars
‾‾ ‾‾ ‾‾ 400 2 300	• seventh
‾‾ ‾‾ ‾‾ 4 1 40	• work
‾‾ ‾‾ ‾‾ 5 4 300	• Shabbos/rest
‾‾ ‾‾ ‾‾ ‾‾ ‾‾ ‾‾ 400 6 4 30 6 400	• special/unique/holy
‾‾ ‾‾ ‾‾ 1 2 90	• these
‾‾ ‾‾ ‾‾ 300 4 100	• generations/events
‾‾ ‾‾ ‾‾ 8 10 300	• HaShem/The Eternal One
‾‾ ‾‾ ‾‾ 5 30 1	• growth (from the earth)
‾‾ ‾‾ ‾‾ ‾‾ ‾‾ 10 70 10 2 300	• field

Word Search!!!

<u>Directions – read carefully:</u> Search in the word jumble to find the correct meanings of the Hebrew words below. Circle the words when you find them.

CAREFUL--The words can be written forwards, backwards, or even diagonally.

BONUS--There may be more than one translation for each Hebrew word.

```
          T Q I V A
        E U Q I N U T D
      H J Y W P     T Y X
    S T X T N U       N L X
  C I N D J I H         J O K
  K X E O I D X         I J H E Q V D
R W T V S N O I T A R E N E G L D T Q S
V D H E Q E Y M R A W M E H S A H B K P L
K T H E S E D F V S O B B A H S N L Z R E C
S T A R S R N U D M M I V O G R O W T H C K
J Y I Q E N O L A N R E T E E H T L K L I K
W I F S Y C W A O R T S T N E V E S A J A A
Q T Q J T I N V A P T D I F I E L D G L
  Y R E V                       W O R K
    M O                           O C
```

מְאֹד	מְלָאכָה	תּוֹלְדוֹת
שִׁשִּׁי	שַׁבָּת	יְיָ
צָבָא	קֹדֶשׁ	שִׂיחַ
שְׁבִיעִי	אֵלֶה	שָׂדֶה

Crossword Puzzle!!!

Directions – read carefully: Write the correct meanings of the Hebrew words below into the correct boxes of the crossword puzzle. Words can be written across or down and START with a number in their box.

Across

2. אֵלֶּה
7. שַׁבָּת
9. יְיָ
10. צָבָא
11. תּוֹלְדוֹת

Down

1. שִׁשִּׁי
3. שְׁבִיעִי
4. שִׂיחַ
5. שָׂדֶה
6. מְלָאכָה
7. קֹדֶשׁ
8. מְאֹד

1.

2.

3.

4.

5.

6.

7.

8.

9.

10.

11.

12.

Climbing

הַר סִינַי

ח

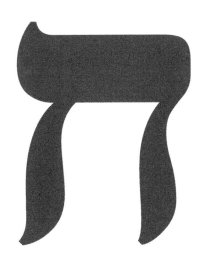

not yet	טֶרֶם
sprout	צֶמַח
no	לֹא
rain	מָטָר
not	אַיִן
to serve/work	לַעֲבֹד
earth	אֲדָמָה
mist	אֵד
from	מִן
watered/drink	מַשְׁקֶה
designed	יָצַר
dust	עָפָר

<u>Directions - read carefully:</u> Find and <u>underline</u> the vocabulary word in the passuk, this is the שֹׁרֶשׁ of the word. This is the very first time this word is found in the Chumash!!!

פסוקים		
(ב,ה) וְכֹל שִׂיחַ הַשָּׂדֶה טֶרֶם יִהְיֶה בָאָרֶץ וְכָל עֵשֶׂב הַשָּׂדֶה טֶרֶם יִצְמָח כִּי לֹא הִמְטִיר ה׳ אֱלֹקִים עַל הָאָרֶץ וְאָדָם אַיִן לַעֲבֹד אֶת הָאֲדָמָה	**טֶרֶם**	**not yet**
(ב,ה) וְכֹל שִׂיחַ הַשָּׂדֶה טֶרֶם יִהְיֶה בָאָרֶץ וְכָל עֵשֶׂב הַשָּׂדֶה טֶרֶם יִצְמָח כִּי לֹא הִמְטִיר ה׳ אֱלֹקִים עַל הָאָרֶץ וְאָדָם אַיִן לַעֲבֹד אֶת הָאֲדָמָה	**צֶמַח**	**sprout**
(ב,ה) וְכֹל שִׂיחַ הַשָּׂדֶה טֶרֶם יִהְיֶה בָאָרֶץ וְכָל עֵשֶׂב הַשָּׂדֶה טֶרֶם יִצְמָח כִּי לֹא הִמְטִיר ה׳ אֱלֹקִים עַל הָאָרֶץ וְאָדָם אַיִן לַעֲבֹד אֶת הָאֲדָמָה	**לֹא**	**no**
(ב,ה) וְכֹל שִׂיחַ הַשָּׂדֶה טֶרֶם יִהְיֶה בָאָרֶץ וְכָל עֵשֶׂב הַשָּׂדֶה טֶרֶם יִצְמָח כִּי לֹא הִמְטִיר ה׳ אֱלֹקִים עַל הָאָרֶץ וְאָדָם אַיִן לַעֲבֹד אֶת הָאֲדָמָה	**מָטָר**	**rain**
(ב,ה) וְכֹל שִׂיחַ הַשָּׂדֶה טֶרֶם יִהְיֶה בָאָרֶץ וְכָל עֵשֶׂב הַשָּׂדֶה טֶרֶם יִצְמָח כִּי לֹא הִמְטִיר ה׳ אֱלֹקִים עַל הָאָרֶץ וְאָדָם אַיִן לַעֲבֹד אֶת הָאֲדָמָה	**אַיִן**	**not**
(ב,ה) וְכֹל שִׂיחַ הַשָּׂדֶה טֶרֶם יִהְיֶה בָאָרֶץ וְכָל עֵשֶׂב הַשָּׂדֶה טֶרֶם יִצְמָח כִּי לֹא הִמְטִיר ה׳ אֱלֹקִים עַל הָאָרֶץ וְאָדָם אַיִן לַעֲבֹד אֶת הָאֲדָמָה	**לַעֲבֹד**	**to serve/work**
(ב,ה) וְכֹל שִׂיחַ הַשָּׂדֶה טֶרֶם יִהְיֶה בָאָרֶץ וְכָל עֵשֶׂב הַשָּׂדֶה טֶרֶם יִצְמָח כִּי לֹא הִמְטִיר ה׳ אֱלֹקִים עַל הָאָרֶץ וְאָדָם אַיִן לַעֲבֹד אֶת הָאֲדָמָה	**אֲדָמָה**	**earth**
(ב,ו) וְאֵד יַעֲלֶה מִן הָאָרֶץ וְהִשְׁקָה אֶת כָּל פְּנֵי הָאֲדָמָה	**אֵד**	**mist**
(ב,ו) וְאֵד יַעֲלֶה מִן הָאָרֶץ וְהִשְׁקָה אֶת כָּל פְּנֵי הָאֲדָמָה	**מִן**	**from**
(ב,ו) וְאֵד יַעֲלֶה מִן הָאָרֶץ וְהִשְׁקָה אֶת כָּל פְּנֵי הָאֲדָמָה	**מַשְׁקֶה**	**watered/drink**
(ב,ז) וַיִּיצֶר ה׳ אֱלֹקִים אֶת הָאָדָם עָפָר מִן הָאֲדָמָה וַיִּפַּח בְּאַפָּיו נִשְׁמַת חַיִּים וַיְהִי הָאָדָם לְנֶפֶשׁ חַיָּה	**יָצַר**	**designed**
(ב,ז) וַיִּיצֶר ה׳ אֱלֹקִים אֶת הָאָדָם עָפָר מִן הָאֲדָמָה וַיִּפַּח בְּאַפָּיו נִשְׁמַת חַיִּים וַיְהִי הָאָדָם לְנֶפֶשׁ חַיָּה	**עָפָר**	**dust**

MATCHING FUN!!! ח

<u>Directions - read carefully</u>: Draw a line from the Hebrew word to its correct translation

not yet	טֶרֶם
rain	צֶמַח
sprout	לֹא
no	מָטָר

rain	מָטָר
not yet	צֶמַח
no	טֶרֶם
sprout	לֹא

not yet	לֹא
sprout	מָטָר
rain	טֶרֶם
no	צֶמַח

to serve/work	אַיִן
earth	אֲדָמָה
not	לַעֲבֹד
mist	אֵד

earth	לַעֲבֹד
not	אַיִן
mist	אֲדָמָה
to serve/work	אֵד

not	אֲדָמָה
earth	אֵד
to serve/work	אַיִן
mist	לַעֲבֹד

from	מִן
designed	מַשְׁקֶה
dust	יָצַר
watered/drink	עָפָר

dust	מִן
watered/drink	עָפָר
from	מַשְׁקֶה
designed	יָצַר

watered/drink	יָצַר
from	מִן
designed	מַשְׁקֶה
dust	עָפָר

rain	מָטָר
no	לֹא
mist	צֶמַח
not	טֶרֶם
watered/drink	אֵד
to serve/work	אֲדָמָה
designed	אַיִן
sprout	עָפָר
dust	מַשְׁקֶה
from	מִן
not yet	יָצַר
earth	לַעֲבֹד

sprout	מִן
designed	אֵד
not	אֲדָמָה
from	לֹא
earth	יָצַר
watered/drink	צֶמַח
rain	טֶרֶם
no	אַיִן
dust	מָטָר
mist	מַשְׁקֶה
not yet	עָפָר
to serve/work	לַעֲבֹד

GEMATRIA FUN!!!

Directions - read carefully: Each letter of the Hebrew Alphabet is given a number value. Fill in the blank space above the numbers with the correct Hebrew letter that matches that number. After you decoded these Hebrew words draw a line to the correct translation.
(Look at the back page of this book for some gematria help!)

__	__	__	__
5	40	4	1

__	__	__
8	40	90

__	__
50	40

__	__	__
50	10	1

__	__	__
200	90	10

__	__	__
200	9	40

__	__	__	__
4	2	70	30

__	__	__
40	200	9

__	__	__
200	80	70

__	__
4	1

__	__
1	30

__	__	__	__
5	100	300	40

- not yet
- sprout
- no
- rain
- not
- to serve/work
- earth
- mist
- from
- watered/drink
- designed
- dust

61

Word Search!!!

Directions - read carefully: Search in the word jumble to find the correct meanings of the Hebrew words below. Circle the words when you find them.

CAREFUL--The words can be written forwards, backwards, or even diagonally.

BONUS--There may be more than one translation for each Hebrew word.

```
                          O  B
                       Y  M  D  W
                    W  A  O  K  E  T
                 Y  E  X  L  J  O  S  Z
              Z  N  M  U  R  L  F  U  I  A
           F  A  I  I  F  N  T  G  D  A  G  N
        N  E  Q  A  C  K  T  N  K  N  T  Q  N  O
     D  O  Z  Z  R  N  W  J  T  O  P  Z  O  D  E  K
  F  K  T  B  L  I  M  O  S  W  A  T  E  R  E  D  D  S
J P W Q I R R  D  I  X  Q  G  A  Y  L  L  F  M  W  L
Y L G O D R L  M  S  I  V  E  F  H  E  Y  U  R  D  L
  K  E  A  R  T  H  I  D  P  G  A  S  R  L  T  Q  A  Z
     R  H  S  K  Z  I  H  H  R  P  K  Z  O  Y  S  L
        W  E  U  N  M  Y  J  Z  O  E  T  X  M  P
           K  V  R  S  C  A  G  V  U  Z  T  O
              X  W  N  Y  R  R  X  X  T  S
                 K  Z  A  E  V  E  O  N
                    L  S  V  Y  B  Y
                       Z  M  X  B
                          F  X
```

טֶרֶם   אַיִן   מִן
צֶמַח   לַעֲבֹד   מַשְׁקֶה
לֹא   אֲדָמָה   יָצַר
מָטָר   אֵד   עָפָר

62

Crossword Puzzle!!!

<u>Directions - read carefully:</u> Write the correct meanings of the Hebrew words below into the correct boxes of the crossword puzzle. Words can be written across or down and START with a number in their box.

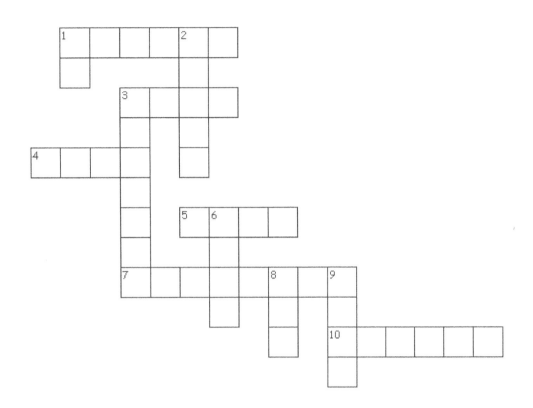

Across

1. טֶרֶם
3. לַעֲבֹד
4. אֵד
5. מִן
7. יָצַר
10. צֶמַח

Down

1. לֹא
2. אֲדָמָה
3. מַשְׁקֶה
6. מָטָר
8. אַיִן
9. עָפָר

Unit ח

שֵׁם ______________________________

1.

2.

3.

4.

5.

6.

7.

8.

9.

10.

11.

12.

Climbing

הַר סִינַי

ט

blew	נָפַח
nose/anger	אַף
soul	נְשָׁמָה
plant	נָטַע
garden	גַן
east	קֶדֶם
place/put down	שִׂים
there	שָׁם
appearance	מַרְאֶה
know	יָדֹעַ
bad/evil	רַע
river	נָהָר

Directions - read carefully: Find and underline the vocabulary word in the passuk. This is the first time this word appears in the Chumash!!!

פסוקים		
(ב,ז) וַיִּיצֶר ה' אֱלֹקִים אֶת הָאָדָם עָפָר מִן הָאֲדָמָה וַיִּפַּח בְּאַפָּיו נִשְׁמַת חַיִּים וַיְהִי הָאָדָם לְנֶפֶשׁ חַיָּה	נָפַח	blew
(ב,ז) וַיִּיצֶר ה' אֱלֹקִים אֶת הָאָדָם עָפָר מִן הָאֲדָמָה וַיִּפַּח בְּאַפָּיו נִשְׁמַת חַיִּים וַיְהִי הָאָדָם לְנֶפֶשׁ חַיָּה	אַף	nose/anger
(ב,ז) וַיִּיצֶר ה' אֱלֹקִים אֶת הָאָדָם עָפָר מִן הָאֲדָמָה וַיִּפַּח בְּאַפָּיו נִשְׁמַת חַיִּים וַיְהִי הָאָדָם לְנֶפֶשׁ חַיָּה	נְשָׁמָה	soul
(ב,ח) וַיִּטַּע ה' אֱלֹקִים גַּן בְּעֵדֶן מִקֶּדֶם וַיָּשֶׂם שָׁם אֶת הָאָדָם אֲשֶׁר יָצָר	נָטַע	plant
(ב,ח) וַיִּטַּע ה' אֱלֹקִים גַּן בְּעֵדֶן מִקֶּדֶם וַיָּשֶׂם שָׁם אֶת הָאָדָם אֲשֶׁר יָצָר	גַּן	garden
(ב,ח) וַיִּטַּע ה' אֱלֹקִים גַּן בְּעֵדֶן מִקֶּדֶם וַיָּשֶׂם שָׁם אֶת הָאָדָם אֲשֶׁר יָצָר	קֶדֶם	east
(ב,ח) וַיִּטַּע ה' אֱלֹקִים גַּן בְּעֵדֶן מִקֶּדֶם וַיָּשֶׂם שָׁם אֶת הָאָדָם אֲשֶׁר יָצָר	שִׂים	place/put down
(ב,ח) וַיִּטַּע ה' אֱלֹקִים גַּן בְּעֵדֶן מִקֶּדֶם וַיָּשֶׂם שָׁם אֶת הָאָדָם אֲשֶׁר יָצָר	שָׁם	there
(ב,ט) וַיַּצְמַח ה' אֱלֹקִים מִן הָאֲדָמָה כָּל עֵץ נֶחְמָד לְמַרְאֶה וְטוֹב לְמַאֲכָל וְעֵץ הַחַיִּים בְּתוֹךְ הַגָּן וְעֵץ הַדַּעַת טוֹב וָרָע	מַרְאֶה	appearance
(ב,ט) וַיַּצְמַח ה' אֱלֹקִים מִן הָאֲדָמָה כָּל עֵץ נֶחְמָד לְמַרְאֶה וְטוֹב לְמַאֲכָל וְעֵץ הַחַיִּים בְּתוֹךְ הַגָּן וְעֵץ הַדַּעַת טוֹב וָרָע	יָדַע	know
(ב,ט) וַיַּצְמַח ה' אֱלֹקִים מִן הָאֲדָמָה כָּל עֵץ נֶחְמָד לְמַרְאֶה וְטוֹב לְמַאֲכָל וְעֵץ הַחַיִּים בְּתוֹךְ הַגָּן וְעֵץ הַדַּעַת טוֹב וָרָע	רַע	bad/evil
(ב,י) וְנָהָר יֹצֵא מֵעֵדֶן לְהַשְׁקוֹת אֶת הַגָּן וּמִשָּׁם יִפָּרֵד וְהָיָה לְאַרְבָּעָה רָאשִׁים	נָהָר	river

MATCHING FUN!!! ט

Directions - read carefully: Draw a line from the Hebrew word to its correct translation

nose	נָפַח
plant	אַף
blew	נְשָׁמָה
soul	נָטַע

plant	נָטַע
anger	אַף
soul	נָפַח
blew	נְשָׁמָה

nose	נְשָׁמָה
blew	נָטַע
plant	נָפַח
soul	אַף

place/put down	גַּן
there	קֶדֶם
east	שִׂים
garden	שָׁם

there	שִׂים
east	גַּן
garden	קֶדֶם
place/put down	שָׁם

east	קֶדֶם
there	שָׁם
place/put down	גַּן
garden	שִׂים

river	מַרְאֶה
evil	יָדַע
appearance	רַע
know	נָהָר

appearance	מַרְאֶה
know	נָהָר
river	יָדַע
bad	רַע

know	רַע
river	מַרְאֶה
evil	יָדַע
appearance	נָהָר

plant	נָטַע
soul	נְשָׁמָה
garden	אַף
east	נָפַח
know	שָׁם
place/put down	קֶדֶם
evil	גַּן
blew	נָהָר
appearance	יָדַע
river	מַרְאֶה
nose	רַע
there	שִׂים

blew	מַרְאֶה
bad	שָׁם
east	קֶדֶם
river	נְשָׁמָה
there	רַע
know	אַף
plant	נָפַח
soul	גַּן
appearance	נָטַע
garden	יָדַע
anger	נָהָר
place/put down	שִׂים

GEMATRIA FUN!!!

Directions – read carefully: Each letter of the Hebrew Alphabet is given a number value. Fill in the blank space above the numbers with the correct Hebrew letter that matches that number. After you decoded these Hebrew words draw a line to the correct translation.
(Look at the back page of this book for some gematria help!)

5	1	200	40

70	9	50

50	3

70	4	10

8	80	50

40	10	300

5	40	300	50

40	4	100

200	5	50

70	200

80	1

40	300

- blew
- nose/anger
- soul
- plant
- garden
- east
- place/put down
- there
- appearance
- know
- bad/evil
- river

Word Search!!!

__Directions - read carefully:__ Search in the word jumble to find the correct meanings of the Hebrew words below. Circle the words when you find them.

BONUS--There may be more than one translation for each Hebrew word.

																		Q	M
C	R	I	A	Z	U	V	T	M	E	R	E	H	T	I	L	B		R	P
N	S	Q	P	I	Z	I	E	J	K	Q	B	Q	D	H	Q	L		D	O
N	O														W	T		T	C
O	R		X	G	Z	E	K	K	N	O	W	N	D		E	Z		Y	I
N	N		N	S	O	F	N	S	H	B	D	D	L		L	H		G	L
O	W		B	R								G	S		B	U		P	H
S	R		A	E		C	L	B	R	W		M	I		O	V		Y	T
E	I		D	G		U	U	V	Q	E		M	D		W	U		S	S
K	V		Z	N		Y	O		F	I		H	F		T	B		J	A
E	E		Y	A		M	S		N	X		X	X		S	Y		Y	E
C	R		Y	G		K	A					W	P		D	V		X	X
N	J		L	F		I	N	C	E	V	I	L	E		G	E		P	W
A	K		P	L		J	H	Z	V	M	F	H	T		C	P		U	U
R	T		X	B											X	Y		T	L
A	I		K	K	E	G	A	R	D	E	N	P	Q	F	O	W		D	P
E	A		F	G	P	L	A	C	E	W	T	Y	C	F	F	S		O	Q
P	F																	W	U
P	X	E	B	S	K	W	E	D	T	D	O	S	E	L	N	A	V	N	F
A	I	F	I	X	N	H	E	P	L	E	H	P	L	A	N	T	M	E	U

נָפַח	גַּן	מַרְאֶה
אַף	קֶדֶם	יָדַע
נְשָׁמָה	שִׂים	רַע
נָטַע	שָׁם	נָהָר

Crossword Puzzle!!!

__Directions – read carefully:__ Write the correct meanings of the Hebrew words below into the correct boxes of the crossword puzzle. Words can be written across or down and START with a number in their box.

__Across__

2. נְשָׁמָה
3. רַע
5. מַרְאֶה
8. קֶדֶם
11. גַּן

__Down__

1. שִׂים
3. נָפַח
4. יָדֹעַ
6. נָטַע
7. נָהָר
9. שָׁם
10. אַף

Unit ט שֵׁם

1.

2.

3.

4.

5.

6.

7.

8.

9.

10.

11.

12.

Climbing

הַר סִינַי

י

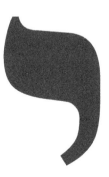

divide	פָּרֵד
four	אַרְבָּעָה
name	שֵׁם
he/it is	הוּא
surround	סוֹבֵב
gold	זָהָב
stone	אֶבֶן
take	לָקֹחַ
guard	שֹׁמֵר
command	צַוֵּה
death	מָוֶת
alone	לְבָד

<u>Directions - read carefully:</u> Find and <u>underline</u> the vocabulary word in the passuk. This is the first time this word appears in the Chumash!!!

פסוקים		
(ב,י) וְנָהָר יֹצֵא מֵעֵדֶן לְהַשְׁקוֹת אֶת הַגָּן וּמִשָּׁם יִפָּרֵד וְהָיָה לְאַרְבָּעָה רָאשִׁים	פָּרֵד	divide
(ב,י) וְנָהָר יֹצֵא מֵעֵדֶן לְהַשְׁקוֹת אֶת הַגָּן וּמִשָּׁם יִפָּרֵד וְהָיָה לְאַרְבָּעָה רָאשִׁים	אַרְבָּעָה	four
(ב,יא) שֵׁם הָאֶחָד פִּישׁוֹן הוּא הַסֹּבֵב אֵת כָּל אֶרֶץ הַחֲוִילָה אֲשֶׁר שָׁם הַזָּהָב	שֵׁם	name
(ב,יא) שֵׁם הָאֶחָד פִּישׁוֹן הוּא הַסֹּבֵב אֵת כָּל אֶרֶץ הַחֲוִילָה אֲשֶׁר שָׁם הַזָּהָב	הוּא	he/it is
(ב,יא) שֵׁם הָאֶחָד פִּישׁוֹן הוּא הַסֹּבֵב אֵת כָּל אֶרֶץ הַחֲוִילָה אֲשֶׁר שָׁם הַזָּהָב	סוֹבֵב	surround
(ב,יא) שֵׁם הָאֶחָד פִּישׁוֹן הוּא הַסֹּבֵב אֵת כָּל אֶרֶץ הַחֲוִילָה אֲשֶׁר שָׁם הַזָּהָב	זָהָב	gold
(ב,יב) וּזֲהַב הָאָרֶץ הַהִוא טוֹב שָׁם הַבְּדֹלַח וְאֶבֶן הַשֹּׁהַם	אֶבֶן	stone
(ב,טו) וַיִּקַּח ה' אֱלֹקִים אֶת הָאָדָם וַיַּנִּחֵהוּ בְגַן עֵדֶן לְעָבְדָהּ וּלְשָׁמְרָהּ	לָקַח	take
(ב,טו) וַיִּקַּח ה' אֱלֹקִים אֶת הָאָדָם וַיַּנִּחֵהוּ בְגַן עֵדֶן לְעָבְדָהּ וּלְשָׁמְרָהּ	שֹׁמֵר	guard
(ב,טז) וַיְצַו ה' אֱלֹקִים עַל הָאָדָם לֵאמֹר מִכֹּל עֵץ הַגָּן אָכֹל תֹּאכֵל	צַוֵּה	command
(ב,יז) וּמֵעֵץ הַדַּעַת טוֹב וָרָע לֹא תֹאכַל מִמֶּנּוּ כִּי בְּיוֹם אֲכָלְךָ מִמֶּנּוּ מוֹת תָּמוּת	מָוֶת	death
(ב,יח) וַיֹּאמֶר ה' אֱלֹקִים לֹא טוֹב הֱיוֹת הָאָדָם לְבַדּוֹ אֶעֱשֶׂה לּוֹ עֵזֶר כְּנֶגְדּוֹ	לְבַד	alone

MATCHING FUN!!!

<u>Directions - read carefully</u>: Draw a line from the Hebrew word to its correct translation

four	פֶּרֶד
he/it is	אַרְבָּעָה
divide	שֵׁם
name	הוּא

name	הוּא
he/it is	אַרְבָּעָה
four	פֶּרֶד
divide	שֵׁם

he/it is	שֵׁם
divide	הוּא
name	פֶּרֶד
four	אַרְבָּעָה

surround	סוֹבֵב
take	זָהָב
stone	אֶבֶן
gold	לָקַח

take	אֶבֶן
stone	סוֹבֵב
gold	זָהָב
surround	לָקַח

stone	זָהָב
take	לָקַח
surround	סוֹבֵב
gold	אֶבֶן

command	שָׁמַר
guard	צִוָּה
death	מָוֶת
alone	לְבַד

death	שָׁמַר
alone	לְבַד
command	צִוָּה
guard	מָוֶת

alone	מָוֶת
command	שָׁמַר
guard	צִוָּה
death	לְבַד

name	הוּא
he/it is	שֵׁם
gold	אַרְבָּעָה
stone	פֶּרֶד
alone	לָקַח
surround	זָהָב
guard	סוֹבֵב
divide	לְבַד
death	צִוָּה
command	שָׁמַר
four	מָוֶת
take	אֶבֶן

divide	שָׁמַר
guard	לָקַח
stone	זָהָב
command	שֵׁם
take	מָוֶת
alone	אַרְבָּעָה
name	פֶּרֶד
he/it is	סוֹבֵב
death	הוּא
gold	צִוָּה
four	לְבַד
surround	אֶבֶן

GEMATRIA FUN!!!

<u>Directions - read carefully:</u> Each letter of the Hebrew Alphabet is given a number value. Fill in the blank space above the numbers with the correct Hebrew letter that matches that number. After you decoded these Hebrew words draw a line to the correct translation.
(Look at the back page of this book for some gematria help!)

| 5 | 70 | 2 | 200 | 1 |

| 5 | 6 | 90 |

| 40 | 300 |

| 200 | 40 | 300 |

| 1 | 6 | 5 |

| 4 | 200 | 80 |

| 2 | 2 | 6 | 60 |

| 4 | 2 | 30 |

| 8 | 100 | 30 |

| 400 | 6 | 40 |

| 2 | 5 | 7 |

| 50 | 2 | 1 |

- divide
- four
- name
- he/it is
- surround
- gold
- stone
- take
- guard
- command
- death
- only

77

Word Search!!!

__Directions - read carefully:__ Search in the word jumble to find the correct meanings of the Hebrew words below. Circle the words when you find them.

CAREFUL--The words can be written forwards, backwards, or even diagonally.

BONUS--There may be more than one translation for each Hebrew word.

```
                  G I
                U M A Y
              A E E M L N
            R Y H L B N O N
          D F O S Q B O A J J
        J X K G P J X H N H O I
      K K G S E A Z P G T P P I F
    C K U J N R P B O U T A K E N W
  S N A L O N E U L I Q I L E A F Y J
I M O O T D Q O D H X A T C M D N U E M
E H D S U R R O U N D T Q E Q B H Y W C
  D I V I D E T E D A T A S W Q A E C
    A Q Q X U R Q D I T I S W D Y H
      K Y H A U T E D N A M M O C
        B W K O Q D I Z G X S E
          U V F P I A E N N X
            Q E J V L D X T
              A C I O Q X
                N D J K
                  B H
```

פָּרֵד	סוֹבֵב	שֹׁמֵר
אַרְבָּעָה	זָהָב	צִוָּה
שֵׁם	אֶבֶן	מָוֶת
הוּא	לָקַח	לְבַד

Crossword Puzzle!!!

Directions – read carefully: Write the correct meanings of the Hebrew words below into the correct boxes of the crossword puzzle. Words can be written across or down and START with a number in their box.

Across

2. אַרְבָּעָה
5. סוֹבֵב
8. לְבָד
9. שֵׁם
11. פֶּרֶד

Down

1. שֹׁמֵר
3. זָהָב
4. לָקַח
5. אֶבֶן
6. מָוֶת
7. צַוֵּה
10. הוּא

שֵׁם _____

1. _____

2. _____

3. _____

4. _____

5. _____

6. _____

7. _____

8. _____

9. _____

10. _____

11. _____

12. _____

Climbing

הַר סִינַי

יא

against	נֶגֶד
come	בָּא
what	מַה
find	מָצֹא
fall	נָפֹל
rib	צֵלָע
close	סָגַר
meat/flesh	בָּשָׂר
build	בָּנֹה
woman	אִשָּׁה
to	אֶל
this	זֶה/זֹאת

Directions – read carefully: Find and <u>underline</u> the vocabulary word in the passuk. This is the first time this word appears in the Chumash!!!

פסוקים		
(ב,יח) וַיֹּאמֶר ה' אֱלֹקִים לֹא טוֹב הֱיוֹת הָאָדָם לְבַדּוֹ אֶעֱשֶׂה לּוֹ עֵזֶר כְּנֶגְדּוֹ	נֶגֶד	against
(ב,יט) וַיִּצֶר ה' אֱלֹקִים מִן הָאֲדָמָה כָּל חַיַּת הַשָּׂדֶה וְאֵת כָּל עוֹף הַשָּׁמַיִם וַיָּבֵא אֶל הָאָדָם לִרְאוֹת מַה יִּקְרָא לוֹ וְכֹל אֲשֶׁר יִקְרָא לוֹ הָאָדָם נֶפֶשׁ חַיָּה הוּא שְׁמוֹ	בָּא	come
(ב,יט) וַיִּצֶר ה' אֱלֹקִים מִן הָאֲדָמָה כָּל חַיַּת הַשָּׂדֶה וְאֵת כָּל עוֹף הַשָּׁמַיִם וַיָּבֵא אֶל הָאָדָם לִרְאוֹת מַה יִּקְרָא לוֹ וְכֹל אֲשֶׁר יִקְרָא לוֹ הָאָדָם נֶפֶשׁ חַיָּה הוּא שְׁמוֹ	מַה	what
(ב,כ) וַיִּקְרָא הָאָדָם שֵׁמוֹת לְכָל הַבְּהֵמָה וּלְעוֹף הַשָּׁמַיִם וּלְכֹל חַיַּת הַשָּׂדֶה וּלְאָדָם לֹא מָצָא עֵזֶר כְּנֶגְדּוֹ	מָצָא	find
(ב,כא) וַיַּפֵּל ה' אֱלֹקִים תַּרְדֵּמָה עַל הָאָדָם וַיִּישָׁן וַיִּקַּח אַחַת מִצַּלְעֹתָיו וַיִּסְגֹּר בָּשָׂר תַּחְתֶּנָּה	נָפַל	fall
(ב,כא) וַיַּפֵּל ה' אֱלֹקִים תַּרְדֵּמָה עַל הָאָדָם וַיִּישָׁן וַיִּקַּח אַחַת מִצַּלְעֹתָיו וַיִּסְגֹּר בָּשָׂר תַּחְתֶּנָּה	צֵלָע	rib
(ב,כא) וַיַּפֵּל ה' אֱלֹקִים תַּרְדֵּמָה עַל הָאָדָם וַיִּישָׁן וַיִּקַּח אַחַת מִצַּלְעֹתָיו וַיִּסְגֹּר בָּשָׂר תַּחְתֶּנָּה	סָגַר	close
(ב,כא) וַיַּפֵּל ה' אֱלֹקִים תַּרְדֵּמָה עַל הָאָדָם וַיִּישָׁן וַיִּקַּח אַחַת מִצַּלְעֹתָיו וַיִּסְגֹּר בָּשָׂר תַּחְתֶּנָּה	בָּשָׂר	meat/flesh
(ב,כב) וַיִּבֶן ה' אֱלֹקִים אֶת הַצֵּלָע אֲשֶׁר לָקַח מִן הָאָדָם לְאִשָּׁה וַיְבִאֶהָ אֶל הָאָדָם	בָּנָה	build
(ב,כב) וַיִּבֶן ה' אֱלֹקִים אֶת הַצֵּלָע אֲשֶׁר לָקַח מִן הָאָדָם לְאִשָּׁה וַיְבִאֶהָ אֶל הָאָדָם	אִשָּׁה	woman
(ב,כב) וַיִּבֶן ה' אֱלֹקִים אֶת הַצֵּלָע אֲשֶׁר לָקַח מִן הָאָדָם לְאִשָּׁה וַיְבִאֶהָ אֶל הָאָדָם	אֶל	to
(ב,כג) וַיֹּאמֶר הָאָדָם זֹאת הַפַּעַם עֶצֶם מֵעֲצָמַי וּבָשָׂר מִבְּשָׂרִי לְזֹאת יִקָּרֵא אִשָּׁה כִּי מֵאִישׁ לֻקֳחָה זֹּאת	זֶה/זֹאת	this

83

MATCHING FUN!!! יא

Directions - read carefully: Draw a line from the Hebrew word to its correct translation

what	נֶגֶד
find	בָּא
against	מַה
come	מָצָא

find	מָצָא
what	בָּא
come	נֶגֶד
against	מַה

what	מַה
against	מָצָא
find	נֶגֶד
come	בָּא

rib	נָפַל
meat/flesh	צֵלָע
fall	סָגַר
close	בָּשָׂר

meat/flesh	סָגַר
fall	נָפַל
close	צֵלָע
rib	בָּשָׂר

fall	צֵלָע
meat/flesh	בָּשָׂר
rib	נָפַל
close	סָגַר

this	בָּנָה
woman	אִשָּׁה
build	אֶל
to	זֶה/זאת

build	בָּנָה
to	זֶה/זאת
this	אִשָּׁה
woman	אֶל

to	אֶל
this	בָּנָה
woman	אִשָּׁה
build	זֶה/זאת

find	מָצָא
come	מַה
close	בָּא
fall	נֶגֶד
to	בָּשָׂר
rib	צֵלָע
woman	נָפַל
against	זֶה/זאת
build	אִשָּׁה
this	בָּנָה
what	אֶל
meat/flesh	סָגַר

against	בָּנָה
woman	בָּשָׂר
fall	צֵלָע
this	מַה
meat/flesh	אֶל
to	בָּא
find	נֶגֶד
come	נָפַל
build	מָצָא
close	אִשָּׁה
what	זֶה/זאת
rib	סָגַר

GEMATRIA FUN!!!

Directions – read carefully: Each letter of the Hebrew Alphabet is given a number value. Fill in the blank space above the numbers with the correct Hebrew letter that matches that number. After you decoded these Hebrew words draw a line to the correct translation.
(Look at the back page of this book for some gematria help!)

5	300	1

1	90	40

30	1

200	3	60

200	300	2

70	30	90

5	7

4	3	50

5	50	2

1	2

5	40

30	80	50

- against
- come
- what
- find
- fall
- rib
- close
- meat/flesh
- build
- woman
- to
- this

Word Search!!!

Directions – read carefully: Search in the word jumble to find the correct meanings of the Hebrew words below. Circle the words when you find them. BONUS--There may be more than one translation for each Hebrew word.

```
                T Y M
            E J P L G H U B Y
        P P W F O M E C A C T N B
      W I I N U N W N X I P Y X E I P S
    C L T Q N S V N T M J A G A I N S T O
  V S V L B R Z G Y I O T S S H U K H Y T T
  K F C Z M D Z I E Y X J U V Y G X Q O I Z
 X E M D K G       A B D L L       M T C X O A
 I L R X A U       C P U I H       L R I S T W
T C I T J N Q K K C L U R O Q I S D X L G Z L F D
R L G T I E Z B U O O O J E S Z D H I V S X A L D
B R J K B Q T S N H S I H T U H D L T C Z S I Y T
B U D K D D F X T R O E Y K U C Z H B A C W U J U Z M
B J W H N W X A N D A P L G J K Y G J V P B T X W U F
C S H I I L K F L O O R K L C N W M W R S M R K G X Y
G A L F   H S E L F V O U T M Y R R Y J   E Q G P
L T U E     C X W F Z I I I S A B R G     R A V S
R J W M L     P K W N D N B I J O G     I F Z T H
 P A W W K                            H A A H T
 R M S C S P                        F L U T B U
  J A P A B H U S A L O N E E E C P S O P F
  S G B L C O M E R Q V G C O W V R J A F F
    R A A V W I X R E P K N B S H K M Q S
      A Q Q L T P T X N U K I G K C W V
        Y F M M I G R W Q R B S Q
            T J W O M A N C N
```

נֶגֶד	נָפַל	בָּנָה
בָּא	צֵלָע	אִשָּׁה
מַה	סָגַר	אֶל
מָצָא	בָּשָׂר	זֶה

Crossword Puzzle!!!

Directions – read carefully: Write the correct meanings of the Hebrew words below into the correct boxes of the crossword puzzle. Words can be written across or down and START with a number in their box.

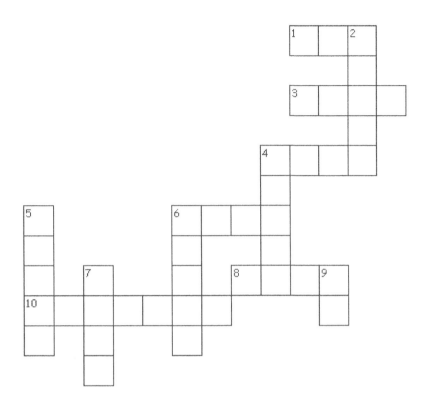

Across

1. צֵלָע

3. זֶה/זֹאת

4. מָצָא

6. בָּא

8. מַה

10. נֶגֶד

Down

2. בָּנָה

4. בָּשָׂר

5. אִשָּׁה

6. סָגַר

7. נָפַל

9. אֶל

1.

2.

3.

4.

5.

6.

7.

8.

9.

10.

11.

12.

Climbing

הַר סִינַי

יב

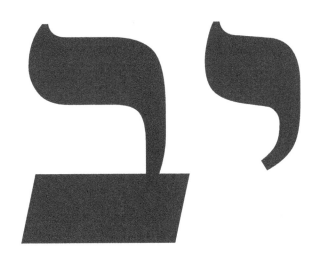

time	פַּעַם
bone	עֶצֶם
man	אִישׁ
leave	עָזֹב
father	אָב
mother	אֵם
glue/cleave	דָּבַק
snake	נָחָשׁ
open	פָּקַח
eye	עַיִן
also	גַּם
leaf	עָלֶה

<u>Directions - read carefully:</u> Find and <u>underline</u> the vocabulary word in the passuk. This is the first time this word appears in the Chumash!!!

פסוקים		
(ב,כג) וַיֹּאמֶר הָאָדָם זֹאת הַפַּעַם עֶצֶם מֵעֲצָמַי וּבָשָׂר מִבְּשָׂרִי לְזֹאת יִקָּרֵא אִשָּׁה כִּי מֵאִישׁ לֻקֳחָה זֹּאת	פַּעַם	time
(ב,כג) וַיֹּאמֶר הָאָדָם זֹאת הַפַּעַם עֶצֶם מֵעֲצָמַי וּבָשָׂר מִבְּשָׂרִי לְזֹאת יִקָּרֵא אִשָּׁה כִּי מֵאִישׁ לֻקֳחָה זֹּאת	עֶצֶם	bone
(ב,כג) וַיֹּאמֶר הָאָדָם זֹאת הַפַּעַם עֶצֶם מֵעֲצָמַי וּבָשָׂר מִבְּשָׂרִי לְזֹאת יִקָּרֵא אִשָּׁה כִּי מֵאִישׁ לֻקֳחָה זֹּאת	אִישׁ	man
(ב,כד) עַל כֵּן יַעֲזָב אִישׁ אֶת אָבִיו וְאֶת אִמּוֹ וְדָבַק בְּאִשְׁתּוֹ וְהָיוּ לְבָשָׂר אֶחָד	עָזֹב	leave
(ב,כד) עַל כֵּן יַעֲזָב אִישׁ אֶת אָבִיו וְאֶת אִמּוֹ וְדָבַק בְּאִשְׁתּוֹ וְהָיוּ לְבָשָׂר אֶחָד	אָב	father
(ב,כד) עַל כֵּן יַעֲזָב אִישׁ אֶת אָבִיו וְאֶת אִמּוֹ וְדָבַק בְּאִשְׁתּוֹ וְהָיוּ לְבָשָׂר אֶחָד	אֵם	mother
(ב,כד) עַל כֵּן יַעֲזָב אִישׁ אֶת אָבִיו וְאֶת אִמּוֹ וְדָבַק בְּאִשְׁתּוֹ וְהָיוּ לְבָשָׂר אֶחָד	דָבַק	glue/cleave
(ג,א) וְהַנָּחָשׁ הָיָה עָרוּם מִכֹּל חַיַּת הַשָּׂדֶה אֲשֶׁר עָשָׂה ה׳ אֱלֹקִים וַיֹּאמֶר אֶל הָאִשָּׁה אַף כִּי אָמַר אֱלֹקִים לֹא תֹאכְלוּ מִכֹּל עֵץ הַגָּן	נָחָשׁ	snake
(ג,ה) כִּי יֹדֵעַ אֱלֹקִים כִּי בְּיוֹם אֲכָלְכֶם מִמֶּנּוּ וְנִפְקְחוּ עֵינֵיכֶם וִהְיִיתֶם כֵּאֱלֹקִים יֹדְעֵי טוֹב וָרָע	פָּקַח	open
(ג,ה) כִּי יֹדֵעַ אֱלֹקִים כִּי בְּיוֹם אֲכָלְכֶם מִמֶּנּוּ וְנִפְקְחוּ עֵינֵיכֶם וִהְיִיתֶם כֵּאֱלֹקִים יֹדְעֵי טוֹב וָרָע	עַיִן	eye
(ג,ו) וַתֵּרֶא הָאִשָּׁה כִּי טוֹב הָעֵץ לְמַאֲכָל וְכִי תַאֲוָה הוּא לָעֵינַיִם וְנֶחְמָד הָעֵץ לְהַשְׂכִּיל וַתִּקַּח מִפִּרְיוֹ וַתֹּאכַל וַתִּתֵּן גַּם לְאִישָׁהּ עִמָּהּ וַיֹּאכַל	גַּם	also
(ג,ז) וַתִּפָּקַחְנָה עֵינֵי שְׁנֵיהֶם וַיֵּדְעוּ כִּי עֵירֻמִּם הֵם וַיִּתְפְּרוּ עֲלֵה תְאֵנָה וַיַּעֲשׂוּ לָהֶם חֲגֹרֹת	עָלֶה	leaf

MATCHING FUN!!! יב

Directions - read carefully: Draw a line from the Hebrew word to its correct translation

bone	פַּעַם
leave	עֶצֶם
time	אִישׁ
man	עָזַב

leave	עָזַב
bone	עֶצֶם
man	פַּעַם
time	אִישׁ

bone	אִישׁ
time	עָזַב
leave	פַּעַם
man	עֶצֶם

glue/cleave	אָב
snake	אֵם
mother	דָּבַק
father	נָחָשׁ

snake	דָּבַק
mother	אָב
father	אֵם
glue/cleave	נָחָשׁ

mother	אֵם
snake	נָחָשׁ
glue/cleave	אָב
father	דָּבַק

also	פָּקַח
leaf	עַיִן
eye	גַּם
open	עָלֶה

eye	פָּקַח
open	עָלֶה
also	עַיִן
leaf	גַּם

open	גַּם
also	פָּקַח
leaf	עַיִן
eye	עָלֶה

leave	עָזַב
man	אִישׁ
father	עֶצֶם
mother	פַּעַם
open	נָחָשׁ
glue/cleave	אֵם
leaf	אָב
time	עָלֶה
eye	עַיִן
also	פָּקַח
bone	גַּם
snake	דָּבַק

time	פָּקַח
leaf	נָחָשׁ
mother	אֵם
also	אִישׁ
snake	גַּם
open	עֶצֶם
leave	פַּעַם
man	אָב
eye	עָזַב
father	עַיִן
bone	עָלֶה
glue/cleave	דָּבַק

GEMATRIA FUN!!!

Directions – read carefully: Each letter of the Hebrew Alphabet is given a number value. Fill in the blank space above the numbers with the correct Hebrew letter that matches that number. After you decoded these Hebrew words draw a line to the correct translation.
(Look at the back page of this book for some gematria help!)

100	2	4

300	10	1

2	1

40	3

40	90	70

8	100	80

50	10	70

40	70	80

5	30	70

40	1

300	8	50

2	7	70

- time
- bone
- man
- leave
- father
- mother
- glue/cleave
- snake
- open
- eye
- also
- leaf

Word Search!!!

Directions – read carefully: Search in the word jumble to find the correct meanings of the Hebrew words below. Circle the words when you find them. REMEMBER-- to make sure all the translations are found.

```
A O
F D
E R L M
S M A S
R S A R Y G
F E N Y G L
E M I T P E Y B N H Y L U F U C L W I M
R V W Q P P B G C V T B E N J B E C E Z
F O S L L N Y E R G A J J H O A H C
W X T M G J G B S L F A C N V L
J N R A F Y E W S B G A E E
Q E Y J I I Y O E O T K
T Z H K H T M X E P C T Z I
J Q T E A E F L E S N A K E
L C K O Z C I L N G B C L E A F
L V Y M N Y Z F B O L L N U
I G T W O Y E E D Z E D H G
X U C G A W H A T J
K D O E K V Q N
Y I E Z
```

פַּעַם	אָב	פָּקַח
עֶצֶם	אֵם	עַיִן
אִישׁ	דָבַק	גַם
עָזַב	נָחָשׁ	עָלֶה

Crossword Puzzle!!!

__Directions - read carefully:__ Write the correct meanings of the Hebrew words below into the correct boxes of the crossword puzzle. Words can be written across or down and START with a number in their box.

__Across__

2. עֶצֶם
3. דָּבַק
7. פָּקַח
8. אֵם
9. אָב

__Down__

1. נָחָשׁ
4. עָזֹב
5. גַּם
6. עָלֶה
8. אִישׁ
10. פַּעַם
11. עַיִן

שֵׁם _____

1. _____
   -
   _____

2. _____
   -
   _____

3. _____
   -
   _____

4. _____
   -
   _____

5. _____
   -
   _____

6. _____
   -
   _____

7. _____
   -
   _____

8. _____
   -
   _____

9. _____
   -
   _____

10. _____
    -
    _____

11. _____
    -
    _____

12. _____
    -
    _____

Climbing

הַר סִינַי

יג

fig	תְּאֵנָה
them (mas. pl.)	הֵם
listen/hear	שָׁמֹעַ
voice	קוֹל
go	הָלֹךְ
because of	מִפְּנֵי
fear	יָרֵא
I	אָנֹכִי
you (mas. sing.)	אַתָּה
heel/hold back	עָקֵב
give birth	הוֹלִיד
son	בֵּן

Directions – read carefully: Find and underline the vocabulary word in the passuk. This is the first time this word appears in the Chumash!!!

פסוקים		
(ג,ז) וַתִּפָּקַחְנָה עֵינֵי שְׁנֵיהֶם וַיֵּדְעוּ כִּי עֵירֻמִּם הֵם וַיִּתְפְּרוּ עֲלֵה תְאֵנָה וַיַּעֲשׂוּ לָהֶם חֲגֹרֹת	תְּאֵנָה	fig
(ג,ז) וַתִּפָּקַחְנָה עֵינֵי שְׁנֵיהֶם וַיֵּדְעוּ כִּי עֵירֻמִּם הֵם וַיִּתְפְּרוּ עֲלֵה תְאֵנָה וַיַּעֲשׂוּ לָהֶם חֲגֹרֹת	הֵם	them (mas. pl.)
(ג,ח) וַיִּשְׁמְעוּ אֶת קוֹל ה' אֱלֹקִים מִתְהַלֵּךְ בַּגָּן לְרוּחַ הַיּוֹם וַיִּתְחַבֵּא הָאָדָם וְאִשְׁתּוֹ מִפְּנֵי ה' אֱלֹקִים בְּתוֹךְ עֵץ הַגָּן	שָׁמַע	listen/hear
(ג,ח) וַיִּשְׁמְעוּ אֶת קוֹל ה' אֱלֹקִים מִתְהַלֵּךְ בַּגָּן לְרוּחַ הַיּוֹם וַיִּתְחַבֵּא הָאָדָם וְאִשְׁתּוֹ מִפְּנֵי ה' אֱלֹקִים בְּתוֹךְ עֵץ הַגָּן	קוֹל	voice
(ג,ח) וַיִּשְׁמְעוּ אֶת קוֹל ה' אֱלֹקִים מִתְהַלֵּךְ בַּגָּן לְרוּחַ הַיּוֹם וַיִּתְחַבֵּא הָאָדָם וְאִשְׁתּוֹ מִפְּנֵי ה' אֱלֹקִים בְּתוֹךְ עֵץ הַגָּן	הָלַךְ	go
(ג,ח) וַיִּשְׁמְעוּ אֶת קוֹל ה' אֱלֹקִים מִתְהַלֵּךְ בַּגָּן לְרוּחַ הַיּוֹם וַיִּתְחַבֵּא הָאָדָם וְאִשְׁתּוֹ מִפְּנֵי ה' אֱלֹקִים בְּתוֹךְ עֵץ הַגָּן	מִפְּנֵי	because of
(ג,י) וַיֹּאמֶר אֶת קֹלְךָ שָׁמַעְתִּי בַּגָּן וָאִירָא כִּי עֵירֹם אָנֹכִי וָאֵחָבֵא	יָרֵא	fear
(ג,י) וַיֹּאמֶר אֶת קֹלְךָ שָׁמַעְתִּי בַּגָּן וָאִירָא כִּי עֵירֹם אָנֹכִי וָאֵחָבֵא	אָנֹכִי	I
(ג,יא) וַיֹּאמֶר מִי הִגִּיד לְךָ כִּי עֵירֹם אָתָּה הֲמִן הָעֵץ אֲשֶׁר צִוִּיתִיךָ לְבִלְתִּי אֲכָל מִמֶּנּוּ אָכָלְתָּ	אַתָּה	you (mas. sing.)
(ג,טו) וְאֵיבָה אָשִׁית בֵּינְךָ וּבֵין הָאִשָּׁה וּבֵין זַרְעֲךָ וּבֵין זַרְעָהּ הוּא יְשׁוּפְךָ רֹאשׁ וְאַתָּה תְּשׁוּפֶנּוּ עָקֵב	עָקֵב	heel/hold back
(ג,טז) אֶל הָאִשָּׁה אָמַר הַרְבָּה אַרְבֶּה עִצְּבוֹנֵךְ וְהֵרֹנֵךְ בְּעֶצֶב תֵּלְדִי בָנִים וְאֶל אִישֵׁךְ תְּשׁוּקָתֵךְ וְהוּא יִמְשָׁל בָּךְ	הוֹלִיד	give birth
(ג,טז) אֶל הָאִשָּׁה אָמַר הַרְבָּה אַרְבֶּה עִצְּבוֹנֵךְ וְהֵרֹנֵךְ בְּעֶצֶב תֵּלְדִי בָנִים וְאֶל אִישֵׁךְ תְּשׁוּקָתֵךְ וְהוּא יִמְשָׁל בָּךְ	בֵּן	son

MATCHING FUN!!!

Directions - read carefully: Draw a line from the Hebrew word to its correct translation

listen/hear	תְּאֵנָה
voice	הֵם
them (mas. pl.)	שָׁמַע
fig	קוֹל

voice	קוֹל
listen/hear	הֵם
fig	תְּאֵנָה
them (mas. pl.)	שָׁמַע

listen/hear	שָׁמַע
them (mas. pl.)	קוֹל
voice	תְּאֵנָה
fig	הֵם

because of	הָלַךְ
fear	מִפְּנֵי
I	יָרֵא
go	אָנֹכִי

fear	יָרֵא
I	הָלַךְ
go	מִפְּנֵי
because of	אָנֹכִי

I	מִפְּנֵי
fear	אָנֹכִי
because of	הָלַךְ
go	יָרֵא

heel/hold back	אַתָּה
you (mas. sing.)	עָקֵב
son	הוֹלִיד
give birth	בֵּן

son	אַתָּה
give birth	בֵּן
heel/hold back	עָקֵב
you (mas. sing.)	הוֹלִיד

give birth	הוֹלִיד
heel/hold back	אַתָּה
you (mas. sing.)	עָקֵב
son	בֵּן

voice	קוֹל
fig	שָׁמַע
go	הֵם
I	תְּאֵנָה
give birth	אָנֹכִי
because of	מִפְּנֵי
you (mas. sing.)	הָלַךְ
them (mas. pl.)	בֵּן
son	עָקֵב
heel/hold back	אַתָּה
listen/hear	הוֹלִיד
fear	יָרֵא

them (mas. pl.)	אַתָּה
you (mas. sing.)	אָנֹכִי
I	מִפְּנֵי
heel/hold back	שָׁמַע
fear	הוֹלִיד
give birth	הֵם
voice	תְּאֵנָה
fig	הָלַךְ
son	קוֹל
go	עָקֵב
listen/hear	בֵּן
because of	יָרֵא

GEMATRIA FUN!!!

Directions – read carefully: Each letter of the Hebrew Alphabet is given a number value. Fill in the blank space above the numbers with the correct Hebrew letter that matches that number. After you decoded these Hebrew words draw a line to the correct translation.
(Look at the back page of this book for some gematria help!)

20	30	5		

• fig

1	200	10

• them (mas. pl.)

50	2

• listen/hear

40	5

• voice

5	400	1

• go

2	100	70

• because of

30	6	100

• fear

70	40	300

• I

10	50	80	40

• you (mas. sing.)

10	20	50	1

• heel/hold back

5	50	1	400

• give birth

4	10	30	6	5

• son

101

Word Search!!!

<u>Directions – read carefully:</u> Search in the word jumble to find the correct meanings of the Hebrew words below. Circle the words when you find them. REMEMBER-- to make sure all the translations are found.

M	P	B	H	K	Q	U	O	Y	T	S	S	V	I	Q
W	M	L	C	G	I	F	T	P	M	S	L	V	H	P
P	W	P	B	G	J	J	Y	O	B	Y	H	E	R	B
M	H	A	S	H	A	B	L	L	E	E	H	H	O	N
R	L	D	Z	X	B	Z	T	R	F	Q	X	A	H	A
T	A	W	N	T	D	J	W	H	O	M	A	V	E	R
T	T	E	M	I	G	J	W	D	E	L	G	K	I	W
I	H	H	F	Y	I	E	F	K	S	M	O	F	W	E
N	E	T	S	I	L	R	M	V	U	H	H	D	G	O
I	A	Q	T	G	O	O	G	O	A	C	O	N	L	L
M	R	U	W	M	C	T	M	I	C	L	E	T	R	X
L	V	U	X	X	U	P	O	C	E	C	H	K	I	F
T	T	E	H	B	V	G	V	E	B	V	P	L	A	T
P	K	N	O	S	F	H	O	L	D	B	A	C	K	W
W	H	T	R	I	B	E	V	I	G	Q	K	X	C	Z

אַתָּה	הָלַךְ	תְּאֵנָה
עָקֵב	מִפְּנֵי	הֵם
הוֹלִיד	יָרֵא	שָׁמֹעַ
בֵּן	אָנֹכִי	קוֹל

Crossword Puzzle!!!

<u>Directions – read carefully:</u> Write the correct meanings of the Hebrew words below into the correct boxes of the crossword puzzle. Words can be written across or down and START with a number in their box.

Across	Down
2. עָקֵב	1. יָרֵא
4. בֵּן	3. שָׁמַע
6. הוֹלִיד	5. קוֹל
10. מִפְּנֵי	6. הָלַךְ
	7. אָנֹכִי
	8. הֵם
	9. אַתָּה
	11. תְּאֵנָה

שֵׁם _____

1. _____
- -
_____

2. _____
- -
_____

3. _____
- -
_____

4. _____
- -
_____

5. _____
- -
_____

6. _____
- -
_____

7. _____
- -
_____

8. _____
- -
_____

9. _____
- -
_____

10. _____
- -
_____

11. _____
- -
_____

12. _____
- -
_____

Climbing

הַר סִינַי

so that/ for the sake of	בַּעֲבוּר
thorn	קוֹץ
sweat	זֵעָה
bread	לֶחֶם
until	עַד
return	שׁוּב
skin	עוֹר
them (fem. pl.)	הֵן
now	עַתָּה
perhaps/maybe	פֶּן
send	שַׁלַּח
hand	יָד

Directions – read carefully: Find and underline the vocabulary word in the passuk. This is the first time this word appears in the Chumash!!!

פסוקים		
(ג,יז) וּלְאָדָם אָמַר כִּי שָׁמַעְתָּ לְקוֹל אִשְׁתֶּךָ וַתֹּאכַל מִן הָעֵץ אֲשֶׁר צִוִּיתִיךָ לֵאמֹר לֹא תֹאכַל מִמֶּנּוּ אֲרוּרָה הָאֲדָמָה בַּעֲבוּרֶךָ בְּעִצָּבוֹן תֹּאכֲלֶנָּה כֹּל יְמֵי חַיֶּיךָ	בַּעֲבוּר	so that/ for the sake of
(ג,יח) וְקוֹץ וְדַרְדַּר תַּצְמִיחַ לָךְ וְאָכַלְתָּ אֶת עֵשֶׂב הַשָּׂדֶה	קוֹץ	thorn
(ג,יט) בְּזֵעַת אַפֶּיךָ תֹּאכַל לֶחֶם עַד שׁוּבְךָ אֶל הָאֲדָמָה כִּי מִמֶּנָּה לֻקָּחְתָּ כִּי עָפָר אַתָּה וְאֶל עָפָר תָּשׁוּב	זֵעָה	sweat
(ג,יט) בְּזֵעַת אַפֶּיךָ תֹּאכַל לֶחֶם עַד שׁוּבְךָ אֶל הָאֲדָמָה כִּי מִמֶּנָּה לֻקָּחְתָּ כִּי עָפָר אַתָּה וְאֶל עָפָר תָּשׁוּב	לֶחֶם	bread
(ג,יט) בְּזֵעַת אַפֶּיךָ תֹּאכַל לֶחֶם עַד שׁוּבְךָ אֶל הָאֲדָמָה כִּי מִמֶּנָּה לֻקָּחְתָּ כִּי עָפָר אַתָּה וְאֶל עָפָר תָּשׁוּב	עַד	until
(ג,יט) בְּזֵעַת אַפֶּיךָ תֹּאכַל לֶחֶם עַד שׁוּבְךָ אֶל הָאֲדָמָה כִּי מִמֶּנָּה לֻקָּחְתָּ כִּי עָפָר אַתָּה וְאֶל עָפָר תָּשׁוּב	שׁוּב	return
(ג,כא) וַיַּעַשׂ ה' אֱלֹקִים לְאָדָם וּלְאִשְׁתּוֹ כָּתְנוֹת עוֹר וַיַּלְבִּשֵׁם	עוֹר	skin
(ג,כב) וַיֹּאמֶר ה' אֱלֹקִים הֵן הָאָדָם הָיָה כְּאַחַד מִמֶּנּוּ לָדַעַת טוֹב וָרָע וְעַתָּה פֶּן יִשְׁלַח יָדוֹ וְלָקַח גַּם מֵעֵץ הַחַיִּים וְאָכַל וָחַי לְעֹלָם	הֵן	them (fem. pl.)
(ג,כב) וַיֹּאמֶר ה' אֱלֹקִים הֵן הָאָדָם הָיָה כְּאַחַד מִמֶּנּוּ לָדַעַת טוֹב וָרָע וְעַתָּה פֶּן יִשְׁלַח יָדוֹ וְלָקַח גַּם מֵעֵץ הַחַיִּים וְאָכַל וָחַי לְעֹלָם	עַתָּה	now
(ג,כב) וַיֹּאמֶר ה' אֱלֹקִים הֵן הָאָדָם הָיָה כְּאַחַד מִמֶּנּוּ לָדַעַת טוֹב וָרָע וְעַתָּה פֶּן יִשְׁלַח יָדוֹ וְלָקַח גַּם מֵעֵץ הַחַיִּים וְאָכַל וָחַי לְעֹלָם	פֶּן	perhaps/maybe
(ג,כב) וַיֹּאמֶר ה' אֱלֹקִים הֵן הָאָדָם הָיָה כְּאַחַד מִמֶּנּוּ לָדַעַת טוֹב וָרָע וְעַתָּה פֶּן יִשְׁלַח יָדוֹ וְלָקַח גַּם מֵעֵץ הַחַיִּים וְאָכַל וָחַי לְעֹלָם	שָׁלַח	send
(ג,כב) וַיֹּאמֶר ה' אֱלֹקִים הֵן הָאָדָם הָיָה כְּאַחַד מִמֶּנּוּ לָדַעַת טוֹב וָרָע וְעַתָּה פֶּן יִשְׁלַח יָדוֹ וְלָקַח גַּם מֵעֵץ הַחַיִּים וְאָכַל וָחַי לְעֹלָם	יָד	hand

MATCHING FUN!!! יד

__Directions – read carefully__: Draw a line from the Hebrew word to its correct translation

bread	בַּעֲבוּר
sweat	קוֹץ
so that/for the sake of	זֵעָה
thorn	לֶחֶם

sweat	לֶחֶם
bread	קוֹץ
thorn	בַּעֲבוּר
so that/for the sake of	זֵעָה

bread	זֵעָה
so that/for the sake of	לֶחֶם
sweat	בַּעֲבוּר
thorn	קוֹץ

skin	עַד
them (fem. pl.)	שׁוּב
return	עוֹר
until	הֵן

them (fem. pl.)	עוֹר
return	עַד
until	שׁוּב
skin	הֵן

return	שׁוּב
them (fem. pl.)	הֵן
skin	עַד
until	עוֹר

perhaps/maybe	עַתָּה
send	פֶּן
now	שַׁלַּח
hand	יָד

now	עַתָּה
hand	יָד
perhaps/maybe	פֶּן
send	שַׁלַּח

hand	שַׁלַּח
perhaps/maybe	עַתָּה
send	פֶּן
now	יָד

sweat	לֶחֶם
thorn	זֵעָה
until	קוֹץ
return	בַּעֲבוּר
hand	הֵן
skin	שׁוּב
send	עַד
so that/for the sake of	יָד
now	פֶּן
perhaps/maybe	עַתָּה
bread	שַׁלַּח
them (fem. pl.)	עוֹר

so that/for the sake of	עַתָּה
send	הֵן
return	שׁוּב
perhaps/maybe	זֵעָה
them (fem. pl.)	שַׁלַּח
hand	קוֹץ
sweat	בַּעֲבוּר
thorn	עַד
now	לֶחֶם
until	פֶּן
bread	יָד
skin	עוֹר

GEMATRIA FUN!!!

<u>Directions – read carefully:</u> Each letter of the Hebrew Alphabet is given a number value. Fill in the blank space above the numbers with the correct Hebrew letter that matches that number. After you decoded these Hebrew words draw a line to the correct translation.
(Look at the back page of this book for some gematria help!)

2	6	300

5	70	7

4	70

4	10

90	6	100

5	400	70

8	30	300

40	8	30

200	6	70

50	5

200	6	2	70	2

50	80

- so that/
  for the sake of

- thorn

- sweat

- bread

- until

- return

- skin

- them (fem. pl.)

- now

- perhaps/maybe

- send

- hand

109

Word Search!!!

__Directions – read carefully:__ Search in the word jumble to find the correct meanings of the Hebrew words below. Circle the words when you find them. REMEMBER-- to make sure all the translations are found.

																		X	F
K	V	A	D	N	A	H	S	O	T	H	A	T	X	L	F	G		P	R
J	U	U	I	P	D	U	H	M	F	X	L	N	I	K	S	Y		M	L
I	U														I	B		D	M
S	Q		N	C	O	F	L	B	A	T	U	J	A		N	J		M	Z
J	S		B	O	G	Y	U	H	L	I	T	N	U		H	X		H	U
L	B		A	A								I	R		M	Z		R	S
D	S		U	X		M	Y	W	Y	P		E	J		Y	I		F	Y
V	W		Z	U		A	H	W	O	M		G	V		I	G		M	J
M	E		G	L		Y	W		N	N		H	D		L	N		Z	P
Y	A		H	I		B	Q		D	R		C	A		G	W		V	E
D	T		V	P		E	N					U	E		R	N		R	R
C	R		E	V		L	S	P	B	T	M	P	R		Z	K		Q	H
N	R		Q	T		B	Z	N	O	H	A	Z	B		M	D		H	A
L	K		H	N											K	M		K	P
R	K		B	E	Z	F	Y	M	E	H	T	L	A	U	C	S		M	S
M	H		H	S	U	V	F	N	Q	U	W	U	A	E	H	A		W	U
F	H																	H	C
N	R	O	H	T	W	W	D	O	A	W	B	G	R	E	T	U	R	N	I
N	X	V	L	C	S	F	O	R	T	H	E	S	A	K	E	O	F	O	D

בַּעֲבוּר	עַד	עַתָּה
קוֹץ	שׁוּב	פֶּן
זֵעָה	עוֹר	שַׁלַּח
לֶחֶם	הֵן	יָד

Crossword Puzzle!!!

Directions – read carefully: Write the correct meanings of the Hebrew words below into the correct boxes of the crossword puzzle. Words can be written across or down and START with a number in their box.

Across

4. שׁוּב
6. קוֹץ
8. פֶּן
10. זֵעָה
11. יָד

Down

1. בַּעֲבוּר
2. לֶחֶם
3. עַד
5. שַׁלַּח
6. הֵן
7. עַתָּה
9. עוֹר

שֵׁם

1.

2.

3.

4.

5.

6.

7.

8.

9.

10.

11.

12.

Climbing

הַר סִינַי

טו

forever	לְעֹלָם
sword	חֶרֶב
journey/way/path	דֶּרֶךְ
pregnant	הָרָה
buy/acquire/own	קָנֹה
add	יָסֹף
brother	אָח
shepherd	רוֹעֶה
flock	צֹאן
offering	מִנְחָה
anger	חָרָה
why/to what/ for what purpose	לָמָּה

<u>Directions – read carefully:</u> Find and <u>underline</u> the vocabulary word in the passuk. This is the first time this word appears in the Chumash!!!

פסוקים		
(ג,כב) וַיֹּאמֶר ה' אֱלֹקִים הֵן הָאָדָם הָיָה כְּאַחַד מִמֶּנּוּ לָדַעַת טוֹב וָרָע וְעַתָּה פֶּן יִשְׁלַח יָדוֹ וְלָקַח גַּם מֵעֵץ הַחַיִּים וְאָכַל וָחַי לְעֹלָם	**לְעֹלָם**	**forever**
(ג,כד) וַיְגָרֶשׁ אֶת הָאָדָם וַיַּשְׁכֵּן מִקֶּדֶם לְגַן עֵדֶן אֶת הַכְּרֻבִים וְאֵת לַהַט הַחֶרֶב הַמִּתְהַפֶּכֶת לִשְׁמֹר אֶת דֶּרֶךְ עֵץ הַחַיִּים	**חֶרֶב**	**sword**
(ג,כד) וַיְגָרֶשׁ אֶת הָאָדָם וַיַּשְׁכֵּן מִקֶּדֶם לְגַן עֵדֶן אֶת הַכְּרֻבִים וְאֵת לַהַט הַחֶרֶב הַמִּתְהַפֶּכֶת לִשְׁמֹר אֶת דֶּרֶךְ עֵץ הַחַיִּים	**דֶּרֶךְ**	**journey/way/path**
(ד,א) וְהָאָדָם יָדַע אֶת חַוָּה אִשְׁתּוֹ וַתַּהַר וַתֵּלֶד אֶת קַיִן וַתֹּאמֶר קָנִיתִי אִישׁ אֶת ה'	**הָרָה**	**pregnant**
(ד,א) וְהָאָדָם יָדַע אֶת חַוָּה אִשְׁתּוֹ וַתַּהַר וַתֵּלֶד אֶת קַיִן וַתֹּאמֶר קָנִיתִי אִישׁ אֶת ה'	**קָנָה**	**buy/acquire/own**
(ד,ב) וַתֹּסֶף לָלֶדֶת אֶת אָחִיו אֶת הָבֶל וַיְהִי הֶבֶל רֹעֵה צֹאן וְקַיִן הָיָה עֹבֵד אֲדָמָה	**יָסַף**	**add**
(ד,ב) וַתֹּסֶף לָלֶדֶת אֶת אָחִיו אֶת הָבֶל וַיְהִי הֶבֶל רֹעֵה צֹאן וְקַיִן הָיָה עֹבֵד אֲדָמָה	**אָח**	**brother**
(ד,ב) וַתֹּסֶף לָלֶדֶת אֶת אָחִיו אֶת הָבֶל וַיְהִי הֶבֶל רֹעֵה צֹאן וְקַיִן הָיָה עֹבֵד אֲדָמָה	**רוֹעֶה**	**shepherd**
(ד,ב) וַתֹּסֶף לָלֶדֶת אֶת אָחִיו אֶת הָבֶל וַיְהִי הֶבֶל רֹעֵה צֹאן וְקַיִן הָיָה עֹבֵד אֲדָמָה	**צֹאן**	**flock**
(ד,ג) וַיְהִי מִקֵּץ יָמִים וַיָּבֵא קַיִן מִפְּרִי הָאֲדָמָה מִנְחָה לַה'	**מִנְחָה**	**offering**
(ד,ה) וְאֶל קַיִן וְאֶל מִנְחָתוֹ לֹא שָׁעָה וַיִּחַר לְקַיִן מְאֹד וַיִּפְּלוּ פָּנָיו	**חָרָה**	**anger**
(ד,ו) וַיֹּאמֶר ה' אֶל קָיִן לָמָּה חָרָה לָךְ וְלָמָּה נָפְלוּ פָנֶיךָ	**לָמָּה**	**why/to what/ for what purpose**

MATCHING FUN!!! טו

Directions - read carefully: Draw a line from the Hebrew word to its correct translation

journey/way/path	לְעֹלָם
sword	חֶרֶב
pregnant	דֶּרֶךְ
forever	הָרָה

sword	הָרָה
journey/way/path	חֶרֶב
forever	לְעֹלָם
pregnant	דֶּרֶךְ

journey/way/path	דֶּרֶךְ
pregnant	הָרָה
sword	לְעֹלָם
forever	חֶרֶב

add	קָנָה
shepherd	יָסַף
brother	אָח
buy/acquire/own	רוֹעֶה

shepherd	אָח
brother	קָנָה
buy/acquire/own	יָסַף
add	רוֹעֶה

brother	יָסַף
shepherd	רוֹעֶה
add	קָנָה
buy/acquire/own	אָח

offering	צאן
flock	מִנְחָה
why/to what/for what purpose	חָרָה
anger	לָמָה

why/to what /for what purpose	צאן
anger	לָמָה
offering	מִנְחָה
flock	חָרָה

anger	חָרָה
offering	צאן
flock	מִנְחָה
why/to what/for what purpose	לָמָה

sword	הָרָה
forever	דֶּרֶךְ
buy/acquire/own	חֶרֶב
brother	לְעֹלָם
anger	רוֹעֶה
add	יָסַף
flock	קָנָה
pregnant	לָמָה
why/to what /for what purpose	מִנְחָה
offering	צאן
journey/way/path	חָרָה
shepherd	אָח

pregnant	צאן
flock	רוֹעֶה
brother	יָסַף
offering	דֶּרֶךְ
shepherd	חָרָה
anger	חֶרֶב
sword	לְעֹלָם
forever	קָנָה
why/to what /for what purpose	הָרָה
buy/acquire/own	מִנְחָה
journey/way/path	לָמָה
add	אָח

GEMATRIA FUN!!!

Directions – read carefully: Each letter of the Hebrew Alphabet is given a number value. Fill in the blank space above the numbers with the correct Hebrew letter that matches that number. After you decoded these Hebrew words draw a line to the correct translation.
(Look at the back page of this book for some gematria help!)

	5	200	5
	5	200	8
		8	1
5	70	6	200
	50	1	90
	5	40	30
	20	200	4
	5	50	100
	80	60	10
5	8	50	40
	2	200	8
40	30	70	30

- forever
- sword
- journey/way/path
- pregnant
- buy/acquire/own
- add
- brother
- shepherd
- flock
- offering
- anger
- why/to what/ for what purpose

Word Search!!!

Directions – read carefully: Search in the word jumble to find the correct meanings of the Hebrew words below. Circle the words when you find them. REMEMBER-- to make sure all the translations are found.

```
  W M R                                   N M K
  Y Z V U Y D                           M P Q Z D B
P D R E H P E H S                 R X I U E Q E S U
O E C G H E S A W                 C E Y M Y E M Q Y
R C Y Q P V R M G C             Y V A V E K D D A U
I E K J P B C F J A             N S Y S E G M J J B
F B G G P F Q L L P Q   K W G W K F R M T W R
  Z Z N P G B U Q O G N E O J Q O A L O N O P
    H F A G O V T T B S G D R F Q R J R F Q
        L O O T W H D R B H M A J H D
              E O D U W O R Q A
          H F W F R A E A T L D I H
        P T G O F S C A Z Y H D N S G
    B F U Y N E E W Q P Y W K E S I C C U
  E E B N B D L R R U Z C L Q F R T W K H S
  F Z A Y L L J I C I M E Z J A D A J C O P
L O D F J K O U N P R E G N A N T F R O L U B
H T A P W U V N G   E K L   N I C T P L R R U
F S B Z R C K T N   K C K   W P K F A F T P A
S K J N W I L X     E M W     N F O X H P O R
O S E A Y E P       A Y G       X Y H W W S F
  Y N U P D         Y G M         L S T B E
    T H F           W W Q           D X K
                    T K X
                    G N I
```

לְעֹלָם	קָנֶה	צֹאן
חֶרֶב	יָסַף	מִנְחָה
דֶּרֶךְ	אָח	חָרָה
הָרָה	רוֹעֶה	לָמָּה

Crossword Puzzle!!!

Directions – read carefully: Write the correct meanings of the Hebrew words below into the correct boxes of the crossword puzzle. Words can be written across or down and START with a number in their box.

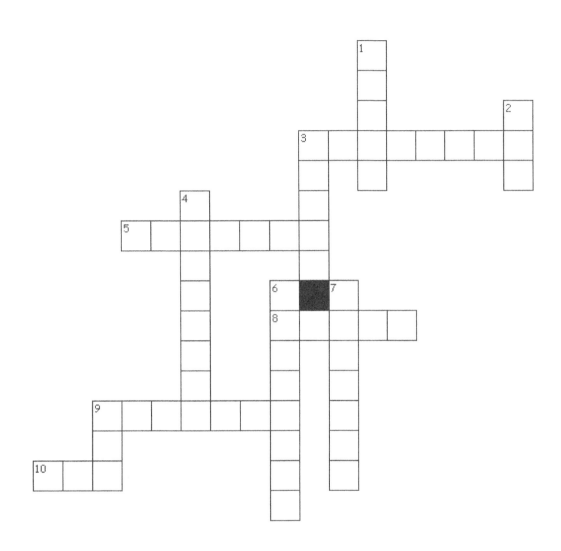

Across

3. רוֹעֶה
5. לְעֹלָם
8. צֹאן
9. אָח
10. לָמָה

Down

1. חָרָה
2. יָסֹף
3. חֶרֶב
4. הָרָה
6. מִנְחָה
7. דֶּרֶךְ
9. קָנָה

שֵׁם ______________________

1.

2.

3.

4.

5.

6.

7.

8.

9.

10.

11.

12.

Climbing

הַר סִינַי

טז

arise/get up	קוּם
kill	הָרֹג
blood	דַּם
mouth	פֶּה
strength	כֹּחַ
seven	שֶׁבַע
in front of/before	לִפְנֵי
settle/live/sit	יָשֹׁב
city	עִיר
two	שְׁנַיִם
tent	אֹהֶל
herd/cattle	מִקְנֶה

Directions – read carefully: Find and underline the vocabulary word in the passuk. This is the first time this word appears in the Chumash!!!

פסוקים		
(ד,ח) וַיֹּאמֶר קַיִן אֶל הֶבֶל אָחִיו וַיְהִי בִּהְיוֹתָם בַּשָּׂדֶה וַיָּקָם קַיִן אֶל הֶבֶל אָחִיו וַיַּהַרְגֵהוּ	**קוּם**	**arise/get up**
(ד,ח) וַיֹּאמֶר קַיִן אֶל הֶבֶל אָחִיו וַיְהִי בִּהְיוֹתָם בַּשָּׂדֶה וַיָּקָם קַיִן אֶל הֶבֶל אָחִיו וַיַּהַרְגֵהוּ	**הָרֹג**	**kill**
(ד,י) וַיֹּאמֶר מֶה עָשִׂיתָ קוֹל דְּמֵי אָחִיךָ צֹעֲקִים אֵלַי מִן הָאֲדָמָה	**דָּם**	**blood**
(ד,יא) וְעַתָּה אָרוּר אָתָּה מִן הָאֲדָמָה אֲשֶׁר פָּצְתָה אֶת פִּיהָ לָקַחַת אֶת דְּמֵי אָחִיךָ מִיָּדֶךָ	**פֶּה**	**mouth**
(ד,יב) כִּי תַעֲבֹד אֶת הָאֲדָמָה לֹא תֹסֵף תֵּת כֹּחָהּ לָךְ נָע וָנָד תִּהְיֶה בָאָרֶץ	**כֹּחַ**	**strength**
(ד,טו) וַיֹּאמֶר לוֹ ה׳ לָכֵן כָּל הֹרֵג קַיִן שִׁבְעָתַיִם יֻקָּם וַיָּשֶׂם ה׳ לְקַיִן אוֹת לְבִלְתִּי הַכּוֹת אֹתוֹ כָּל מֹצְאוֹ	**שֶׁבַע**	**seven**
(ד,טז) וַיֵּצֵא קַיִן מִלִּפְנֵי ה׳ וַיֵּשֶׁב בְּאֶרֶץ נוֹד קִדְמַת עֵדֶן	**לִפְנֵי**	**in front of/before**
(ד,טז) וַיֵּצֵא קַיִן מִלִּפְנֵי ה׳ וַיֵּשֶׁב בְּאֶרֶץ נוֹד קִדְמַת עֵדֶן	**יָשֹׁב**	**settle/live/sit**
(ד,יז) וַיֵּדַע קַיִן אֶת אִשְׁתּוֹ וַתַּהַר וַתֵּלֶד אֶת חֲנוֹךְ וַיְהִי בֹּנֶה עִיר וַיִּקְרָא שֵׁם הָעִיר כְּשֵׁם בְּנוֹ חֲנוֹךְ	**עִיר**	**city**
(ד,יט) וַיִּקַּח לוֹ לֶמֶךְ שְׁתֵּי נָשִׁים שֵׁם הָאַחַת עָדָה וְשֵׁם הַשֵּׁנִית צִלָּה	**שְׁנַיִם**	**two**
(ד,כ) וַתֵּלֶד עָדָה אֶת יָבָל הוּא הָיָה אֲבִי יֹשֵׁב אֹהֶל וּמִקְנֶה	**אֹהֶל**	**tent**
(ד,כ) וַתֵּלֶד עָדָה אֶת יָבָל הוּא הָיָה אֲבִי יֹשֵׁב אֹהֶל וּמִקְנֶה	**מִקְנֶה**	**herd/cattle**

MATCHING FUN!!! טז

Directions – read carefully: Draw a line from the Hebrew word to its correct translation

arise/get up	קוּם
blood	הָרַג
mouth	דָּם
kill	פֶּה

blood	פֶּה
arise/get up	הָרַג
kill	קוּם
mouth	דָּם

arise/get up	דָּם
mouth	פֶּה
blood	קוּם
kill	הָרַג

in front of/before	כֹּחַ
settle/live/sit	שֶׁבַע
seven	לִפְנֵי
strength	יָשַׁב

settle/live/sit	לִפְנֵי
seven	כֹּחַ
strength	שֶׁבַע
in front of/before	יָשַׁב

seven	שֶׁבַע
settle/live/sit	יָשַׁב
in front of/before	כֹּחַ
strength	לִפְנֵי

herd/cattle	אֹהֶל
two	עִיר
city	שְׁנַיִם
tent	מִקְנֶה

city	אֹהֶל
tent	מִקְנֶה
herd/cattle	עִיר
two	שְׁנַיִם

tent	שְׁנַיִם
herd/cattle	אֹהֶל
two	עִיר
city	מִקְנֶה

blood	פֶּה
kill	דָּם
strength	הָרַג
seven	קוּם
tent	יָשַׁב
in front of/before	שֶׁבַע
two	כֹּחַ
mouth	מִקְנֶה
city	עִיר
herd/cattle	אֹהֶל
arise/get up	שְׁנַיִם
settle/live/sit	לִפְנֵי

mouth	אֹהֶל
two	יָשַׁב
seven	שֶׁבַע
herd/cattle	דָּם
settle/live/sit	שְׁנַיִם
tent	הָרַג
blood	קוּם
kill	כֹּחַ
city	פֶּה
strength	עִיר
arise/get up	מִקְנֶה
in front of/before	לִפְנֵי

GEMATRIA FUN!!!

Directions - read carefully: Each letter of the Hebrew Alphabet is given a number value. Fill in the blank space above the numbers with the correct Hebrew letter that matches that number. After you decoded these Hebrew words draw a line to the correct translation.
(Look at the back page of this book for some gematria help!)

```
___  ___  ___
200  10   70

___  ___  ___
 30   5    1

     ___  ___
      5   80

     ___  ___
     40    4

___  ___  ___  ___
 40  10   50  300

___  ___  ___
 40   6  100

___  ___  ___
  2  300   10

___  ___  ___
  3  200    5

___  ___  ___
 70    2  300

___  ___  ___  ___
  5   50  100   40

___  ___  ___  ___
 10   50   80   30

     ___  ___
      8   20
```

- arise/get up

- kill

- blood

- mouth

- strength

- seven

- in front of/before

- settle/live/sit

- city

- two

- tent

- herd/cattle

Word Search!!!

<u>Directions - read carefully:</u> Search in the word jumble to find the correct meanings of the Hebrew words below. Circle the words when you find them. REMEMBER-- to make sure all the translations are found.

A I

F G

R G E S

B H T W

P M L U W E

A L V P B O

W K V L I O X I B E F O R E C L I V E F

I T R M T A K S M W E Z O A H W R D W K

C A T T L E Q E O P F F H T C Q L B

N D V G W N T T H O Y K G I O D

O U A O G G S T H J B N T U

D Q P J J N U L G L E Y

G Y J P C O P O Z E O R R F

R F D G R H S M G O O T A T

A X W T F E E M A O M D S R M T

S U E N R V S V P T S I W S

W X N I D E T R E E S L E G

E T H D N I E Q E T

L B Y B E Y I V

G Y S H

עִיר כֹּחַ קוּם

שְׁנַיִם שֶׁבַע הָרֹג

אֹהֶל לִפְנֵי דַּם

מִקְנֶה יָשֹׁב פֶּה

Crossword Puzzle!!!

Directions – read carefully: Write the correct meanings of the Hebrew words below into the correct boxes of the crossword puzzle. Words can be written across or down and START with a number in their box.

Across

2. יָשַׁב

5. אֹהֶל

7. קוּם

8. לִפְנֵי

9. פֶּה

10. מִקְנֶה

Down

1. הָרַג

2. שֶׁבַע

3. שְׁנַיִם

4. כֹּחַ

6. עִיר

8. דָּם

127

Unit טז

שֵׁם ______________________

1.

2.

3.

4.

5.

6.

7.

8.

9.

10.

11.

12.

Climbing

הַר סִינַי

יז

she/it is	הִיא
ear	אֹזֶן
seventy	שִׁבְעִים
again/more/another/still	עוֹד
other	אַחֵר
book	סֵפֶר
thirty	שְׁלֹשִׁים
hundred	מֵאָה
eight	שְׁמֹנָה
hundreds	מֵאוֹת
daughters	בָּנוֹת
nine	תֵּשַׁע

<u>Directions - read carefully:</u> Find and <u>underline</u> the vocabulary word in the passuk. This is the first time this word appears in the Chumash!!!

פסוקים		
(ד,כב) וְצִלָּה גַם הִוא יָלְדָה אֶת תּוּבַל קַיִן לֹטֵשׁ כָּל חֹרֵשׁ נְחֹשֶׁת וּבַרְזֶל וַאֲחוֹת תּוּבַל קַיִן נַעֲמָה	**הִיא**	she/it is
(ד,כג) וַיֹּאמֶר לֶמֶךְ לְנָשָׁיו עָדָה וְצִלָּה שְׁמַעַן קוֹלִי נְשֵׁי לֶמֶךְ הַאְזֵנָּה אִמְרָתִי כִּי אִישׁ הָרַגְתִּי לְפִצְעִי וְיֶלֶד לְחַבֻּרָתִי	**אֹזֶן**	ear
(ד,כד) כִּי שִׁבְעָתַיִם יֻקַּם קָיִן וְלֶמֶךְ שִׁבְעִים וְשִׁבְעָה	**שִׁבְעִים**	seventy
(ד,כה) וַיֵּדַע אָדָם עוֹד אֶת אִשְׁתּוֹ וַתֵּלֶד בֵּן וַתִּקְרָא אֶת שְׁמוֹ שֵׁת כִּי שָׁת לִי אֱלֹקִים זֶרַע אַחֵר תַּחַת הֶבֶל כִּי הֲרָגוֹ קָיִן	**עוֹד**	again/more/another/still
(ד,כה) וַיֵּדַע אָדָם עוֹד אֶת אִשְׁתּוֹ וַתֵּלֶד בֵּן וַתִּקְרָא אֶת שְׁמוֹ שֵׁת כִּי שָׁת לִי אֱלֹקִים זֶרַע אַחֵר תַּחַת הֶבֶל כִּי הֲרָגוֹ קָיִן	**אַחֵר**	other
(ה,א) זֶה סֵפֶר תּוֹלְדֹת אָדָם בְּיוֹם בְּרֹא אֱלֹקִים אָדָם בִּדְמוּת אֱלֹקִים עָשָׂה אֹתוֹ	**סֵפֶר**	book
(ה,ג) וַיְחִי אָדָם שְׁלֹשִׁים וּמְאַת שָׁנָה וַיּוֹלֶד בִּדְמוּתוֹ כְּצַלְמוֹ וַיִּקְרָא אֶת שְׁמוֹ שֵׁת	**שְׁלֹשִׁים**	thirty
(ה,ג) וַיְחִי אָדָם שְׁלֹשִׁים וּמְאַת שָׁנָה וַיּוֹלֶד בִּדְמוּתוֹ כְּצַלְמוֹ וַיִּקְרָא אֶת שְׁמוֹ שֵׁת	**מֵאָה**	hundred
(ה,ד) וַיִּהְיוּ יְמֵי אָדָם אַחֲרֵי הוֹלִידוֹ אֶת שֵׁת שְׁמֹנֶה מֵאֹת שָׁנָה וַיּוֹלֶד בָּנִים וּבָנוֹת	**שְׁמֹנָה**	eight
(ה,ד) וַיִּהְיוּ יְמֵי אָדָם אַחֲרֵי הוֹלִידוֹ אֶת שֵׁת שְׁמֹנֶה מֵאֹת שָׁנָה וַיּוֹלֶד בָּנִים וּבָנוֹת	**מֵאוֹת**	hundreds
(ה,ד) וַיִּהְיוּ יְמֵי אָדָם אַחֲרֵי הוֹלִידוֹ אֶת שֵׁת שְׁמֹנֶה מֵאֹת שָׁנָה וַיּוֹלֶד בָּנִים וּבָנוֹת	**בָּנוֹת**	daughters
(ה,ה) וַיִּהְיוּ כָּל יְמֵי אָדָם אֲשֶׁר חַי תְּשַׁע מֵאוֹת שָׁנָה וּשְׁלֹשִׁים שָׁנָה וַיָּמֹת	**תֵּשַׁע**	nine

MATCHING FUN!!! יז

<u>Directions - read carefully</u>: Draw a line from the Hebrew word to its correct translation

seventy	הִיא
again/more/another/still	אֹזֶן
she/it is	שִׁבְעִים
ear	עוֹד

again/more/another/still	עוֹד
seventy	אֹזֶן
ear	הִיא
she/it is	שִׁבְעִים

seventy	שִׁבְעִים
she/it is	עוֹד
again/more/another/still	הִיא
ear	אֹזֶן

thirty	אַחֵר
hundred	סֵפֶר
book	שְׁלֹשִׁים
other	מֵאָה

hundred	שְׁלֹשִׁים
book	אַחֵר
other	סֵפֶר
thirty	מֵאָה

book	סֵפֶר
hundred	מֵאָה
thirty	אַחֵר
other	שְׁלֹשִׁים

hundreds	מֵאוֹת
daughters	תֵּשַׁע
nine	שְׁמֹנָה
eight	בָּנוֹת

nine	מֵאוֹת
eight	בָּנוֹת
hundreds	תֵּשַׁע
daughters	שְׁמֹנָה

eight	שְׁמֹנָה
hundreds	מֵאוֹת
daughters	תֵּשַׁע
nine	בָּנוֹת

again/more/another/still	עוֹד
ear	שִׁבְעִים
other	אֹזֶן
book	הִיא
eight	מֵאָה
thirty	סֵפֶר
daughters	אַחֵר
she/it is	בָּנוֹת
nine	תֵּשַׁע
hundreds	מֵאוֹת
seventy	שְׁמֹנָה
hundred	שְׁלֹשִׁים

she/it is	מֵאוֹת
daughters	מֵאָה
book	סֵפֶר
hundreds	שִׁבְעִים
hundred	שְׁמֹנָה
eight	אֹזֶן
again/more/another/still	הִיא
ear	אַחֵר
nine	עוֹד
other	תֵּשַׁע
seventy	בָּנוֹת
thirty	שְׁלֹשִׁים

GEMATRIA FUN!!!

__Directions – read carefully:__ Each letter of the Hebrew Alphabet is given a number value. Fill in the blank space above the numbers with the correct Hebrew letter that matches that number. After you decoded these Hebrew words draw a line to the correct translation.
(Look at the back page of this book for some gematria help!)

200	8	1

5	1	40

40	10	70	2	300

200	80	60

70	300	400

400	6	50	2

5	50	40	300

1	10	5

50	7	1

40	10	300	30	300

400	6	1	40

4	6	70

- she/it is
- ear
- seventy
- again/more/ another /still
- other
- book
- thirty
- hundred
- eight
- hundreds
- daughters
- nine

Word Search!!!

<u>**Directions - read carefully:**</u> Search in the word jumble to find the correct meanings of the Hebrew words below. Circle the words when you find them. REMEMBER-- to make sure all the translations are found.

```
                P J
              O Y Z J
            U Z T D G L
          Q N S R I B V T
        R O H B I D C Z D E
      A X E E E H E O N I E Q
    E V R A J N T R T T I O I T
  V S O Q M N K I D S H H A A G C
C X M D S V O O G N P L W E G P H Z
P Y B D E P O Q U T U S K P H R A N T O
E R Q S O B M F S E H X R O G K S Q B N
  D O W T J V R E U Q E L L G D Q J X
    A W L I M X V Q D K R P E H B R
      U B N L L E A S O H R J F Z
        G Y T L N I Z X D A D B
          H Z U T I D N Y M J
            T I Y A U V Z L
              E M H R M M
                R S Q K
                  S B
```

שְׁמֹנָה אַחֵר הִיא

מֵאוֹת סֵפֶר אֹזֶן

בָּנוֹת שְׁלֹשִׁים שִׁבְעִים

תֵּשַׁע מֵאָה עוֹד

Crossword Puzzle...

Directions – read carefully: Write the correct meanings of the Hebrew words below into the correct boxes of the crossword puzzle. Words can be written across or down and START with a number in their box.

Across

1. סֵפֶר
3. הִיא
4. מֵאוֹת
8. עוֹד
9. אֹזֶן
10. בָּנוֹת
11. שְׁמֹנָה

Down

2. אַחֵר
4. מֵאָה
5. תֵּשַׁע
6. שִׁבְעִים
7. שְׁלֹשִׁים

1.

2.

3.

4.

5.

6.

7.

8.

9.

10.

11.

12.

Climbing

הַר סִינַי

יח

five	חָמֵשׁ
ten	עֲשָׂרָה
ninety	תִּשְׁעִים
forty	אַרְבָּעִים
sixty	שִׁשִּׁים
three	שָׁלֹשׁ
eighty	שְׁמוֹנִים
action	מַעֲשֶׂה
twenty	עֶשְׂרִים
heart	לֵב
favor	חֵן
tzadik/righteous	צַדִּיק

<u>Directions - read carefully:</u> Find and <u>underline</u> the vocabulary word in the passuk. This is the first time this word appears in the Chumash!!!

פסוקים		
(ה,ו) וַיְחִי שֵׁת חָמֵשׁ שָׁנִים וּמְאַת שָׁנָה וַיּוֹלֶד אֶת אֱנוֹשׁ	חָמֵשׁ	five
(ה,ח) וַיִּהְיוּ כָּל יְמֵי שֵׁת שְׁתֵּים עֶשְׂרֵה שָׁנָה וּתְשַׁע מֵאוֹת שָׁנָה וַיָּמֹת	עֲשָׂרָה	ten
(ה,ט) וַיְחִי אֱנוֹשׁ תִּשְׁעִים שָׁנָה וַיּוֹלֶד אֶת קֵינָן	תִּשְׁעִים	ninety
(ה,יג) וַיְחִי קֵינָן אַחֲרֵי הוֹלִידוֹ אֶת מַהֲלַלְאֵל אַרְבָּעִים שָׁנָה וּשְׁמֹנֶה מֵאוֹת שָׁנָה וַיּוֹלֶד בָּנִים וּבָנוֹת	אַרְבָּעִים	forty
(ה,טו) וַיְחִי מַהֲלַלְאֵל חָמֵשׁ שָׁנִים וְשִׁשִּׁים שָׁנָה וַיּוֹלֶד אֶת יָרֶד	שִׁשִּׁים	sixty
(ה,כב) וַיִּתְהַלֵּךְ חֲנוֹךְ אֶת הָאֱלֹקִים אַחֲרֵי הוֹלִידוֹ אֶת מְתוּשֶׁלַח שְׁלֹשׁ מֵאוֹת שָׁנָה וַיּוֹלֶד בָּנִים וּבָנוֹת	שָׁלֹשׁ	three
(ה,כה) וַיְחִי מְתוּשֶׁלַח שֶׁבַע וּשְׁמֹנִים שָׁנָה וּמְאַת שָׁנָה וַיּוֹלֶד אֶת לָמֶךְ	שְׁמוֹנִים	eighty
(ה,כט) וַיִּקְרָא אֶת שְׁמוֹ נֹחַ לֵאמֹר זֶה יְנַחֲמֵנוּ מִמַּעֲשֵׂנוּ וּמֵעִצְּבוֹן יָדֵינוּ מִן הָאֲדָמָה אֲשֶׁר אֵרְרָהּ ה׳	מַעֲשֶׂה	action
(ו,ג) וַיֹּאמֶר ה׳ לֹא יָדוֹן רוּחִי בָאָדָם לְעֹלָם בְּשַׁגָּם הוּא בָשָׂר וְהָיוּ יָמָיו מֵאָה וְעֶשְׂרִים שָׁנָה	עֶשְׂרִים	twenty
(ו,ה) וַיַּרְא ה׳ כִּי רַבָּה רָעַת הָאָדָם בָּאָרֶץ וְכָל יֵצֶר מַחְשְׁבֹת לִבּוֹ רַק רַע כָּל הַיּוֹם	לֵב	heart
(ו,ח) וְנֹחַ מָצָא חֵן בְּעֵינֵי ה׳	חֵן	favor
(ו,ט) אֵלֶּה תּוֹלְדֹת נֹחַ נֹחַ אִישׁ צַדִּיק תָּמִים הָיָה בְּדֹרֹתָיו אֶת הָאֱלֹקִים הִתְהַלֶּךְ נֹחַ	צַדִּיק	tzadik/righteous

MATCHING FUN!!! יח

Directions – read carefully: Draw a line from the Hebrew word to its correct translation

forty	חָמֵשׁ
five	עֲשָׂרָה
ninety	תִּשְׁעִים
ten	אַרְבָּעִים

five	אַרְבָּעִים
forty	עֲשָׂרָה
ten	חָמֵשׁ
ninety	תִּשְׁעִים

forty	תִּשְׁעִים
ninety	אַרְבָּעִים
five	חָמֵשׁ
ten	עֲשָׂרָה

three	שִׁשִּׁים
action	שָׁלֹשׁ
eighty	שְׁמוֹנִים
sixty	מַעֲשֶׂה

action	שְׁמוֹנִים
eighty	שִׁשִּׁים
sixty	שָׁלֹשׁ
three	מַעֲשֶׂה

eighty	שָׁלֹשׁ
action	מַעֲשֶׂה
three	שִׁשִּׁים
sixty	שְׁמוֹנִים

favor	עֶשְׂרִים
tzadik/righteous	לֵב
twenty	חֵן
heart	צַדִּיק

twenty	עֶשְׂרִים
heart	צַדִּיק
favor	לֵב
tzadik/righteous	חֵן

heart	חֵן
favor	עֶשְׂרִים
tzadik/righteous	לֵב
twenty	צַדִּיק

five	אַרְבָּעִים
ten	תִּשְׁעִים
sixty	עֲשָׂרָה
eighty	חָמֵשׁ
heart	מַעֲשֶׂה
three	שָׁלֹשׁ
tzadik/righteous	שִׁשִּׁים
ninety	צַדִּיק
twenty	לֵב
favor	עֶשְׂרִים
forty	חֵן
action	שְׁמוֹנִים

ninety	עֶשְׂרִים
tzadik/righteous	מַעֲשֶׂה
eighty	שָׁלֹשׁ
favor	תִּשְׁעִים
action	חֵן
heart	עֲשָׂרָה
five	חָמֵשׁ
ten	שִׁשִּׁים
twenty	אַרְבָּעִים
sixty	לֵב
forty	צַדִּיק
three	שְׁמוֹנִים

GEMATRIA FUN!!!

Directions – read carefully: Each letter of the Hebrew Alphabet is given a number value. Fill in the blank space above the numbers with the correct Hebrew letter that matches that number. After you decoded these Hebrew words draw a line to the correct translation.
(Look at the back page of this book for some gematria help!)

40 10 50 6 40 300

300 30 300

2 30

50 8

5 200 300 70

100 10 4 70

40 10 70 300 400

40 10 70 2 200 1

5 300 70 40

40 10 300 300

300 40 8

40 10 200 300 70

- five
- ten
- ninety
- forty
- sixty
- three
- eighty
- action
- twenty
- heart
- favor
- tzadik/righteous

141

Word Search!!!

<u>**Directions - read carefully:**</u> Search in the word jumble to find the correct meanings of the Hebrew words below. Circle the words when you find them.

CAREFUL--The words can be written forwards, backwards, or even diagonally.

P A B R N N
N S P M T Y O E
S I X T Y   T I E
S W Y R M K   R T V
T F N S M Q A   O C V
H N E S P V T   Z F A F K I I
V R Y T Z A D I K D U S I Q E E K K C Z
M E Z G Q J D D E V I F T B Y F I S U K T
O F E Y D F B Y L V N I N E T Y L Y F F K T
P Q M Y G E O Z C Z F T X N W L E O A E L O
A U M T X J Y R I G H T E O U S H V S A D U
S C A H X Z D H N S U W K I J V O T R A E H
I Z G C Z C D X T T L L W Y R C E T T W
R I I R   H W U V
E W   Y O

חָמֵשׁ	שִׁשִּׁים	עֶשְׂרִים
עֲשָׂרָה	שָׁלשׁ	לֵב
תִּשְׁעִים	שְׁמוֹנִים	חֵן
אַרְבָּעִים	מַעֲשֶׂה	צַדִּיק

Crossword Puzzle!!!

__Directions - read carefully:__ Write the correct meanings of the Hebrew words below into the correct boxes of the crossword puzzle. Words can be written across or down and START with a number in their box.

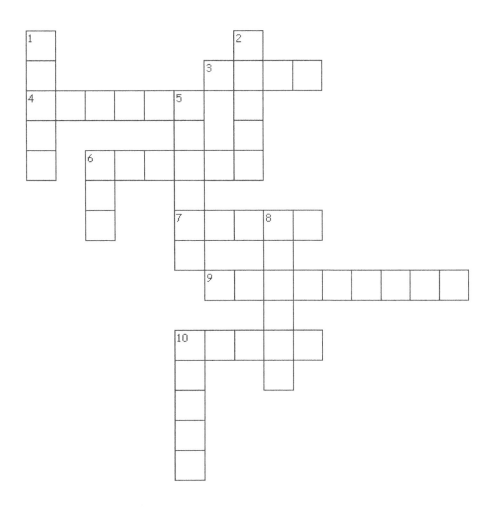

__Across__

3. חָמֵשׁ
4. מַעֲשֶׂה
6. עֶשְׂרִים
7. שָׁלֹשׁ
9. צַדִּיק
10. אַרְבָּעִים

__Down__

1. לֵב
2. שִׁשִּׁים
5. תִּשְׁעִים
6. עֲשָׂרָה
8. שְׁמוֹנִים
10. חֵן

שֵׁם ______________________

1.

2.

3.

4.

5.

6.

7.

8.

9.

10.

11.

12.

Climbing

הַר סִינַי

יט

ark/box	תֵּבָה
inside/home	בַּיִת
outside	חוּץ
fifty	חֲמִשִּׁים
I	אֲנִי
flood	מַבּוּל
establish/stood up	הָקֵם
contract/agreement/ covenant	בְּרִית
six	שֵׁשׁ
month	חֹדֶשׁ
carry	נָשׂא
mountain	הַר

<u>Directions - read carefully:</u> Find and <u>underline</u> the vocabulary word in the passuk. This is the first time this word appears in the Chumash!!!

פסוקים		
(ו,יד) עֲשֵׂה לְךָ תֵּבַת עֲצֵי גֹפֶר קִנִּים תַּעֲשֶׂה אֶת הַתֵּבָה וְכָפַרְתָּ אֹתָהּ מִבַּיִת וּמִחוּץ בַּכֹּפֶר	**תֵּבָה**	ark/box
(ו,יד) עֲשֵׂה לְךָ תֵּבַת עֲצֵי גֹפֶר קִנִּים תַּעֲשֶׂה אֶת הַתֵּבָה וְכָפַרְתָּ אֹתָהּ מִבַּיִת וּמִחוּץ בַּכֹּפֶר	**בַּיִת**	inside/home
(ו,יד) עֲשֵׂה לְךָ תֵּבַת עֲצֵי גֹפֶר קִנִּים תַּעֲשֶׂה אֶת הַתֵּבָה וְכָפַרְתָּ אֹתָהּ מִבַּיִת וּמִחוּץ בַּכֹּפֶר	**חוּץ**	outside
(ו,טו) וְזֶה אֲשֶׁר תַּעֲשֶׂה אֹתָהּ שְׁלֹשׁ מֵאוֹת אַמָּה אֹרֶךְ הַתֵּבָה חֲמִשִּׁים אַמָּה רָחְבָּהּ וּשְׁלֹשִׁים אַמָּה קוֹמָתָהּ	**חֲמִשִּׁים**	fifty
(ו,יז) וַאֲנִי הִנְנִי מֵבִיא אֶת הַמַּבּוּל מַיִם עַל הָאָרֶץ לְשַׁחֵת כָּל בָּשָׂר אֲשֶׁר בּוֹ רוּחַ חַיִּים מִתַּחַת הַשָּׁמָיִם כֹּל אֲשֶׁר בָּאָרֶץ יִגְוָע	**אֲנִי**	I
(ו,יז) וַאֲנִי הִנְנִי מֵבִיא אֶת הַמַּבּוּל מַיִם עַל הָאָרֶץ לְשַׁחֵת כָּל בָּשָׂר אֲשֶׁר בּוֹ רוּחַ חַיִּים מִתַּחַת הַשָּׁמָיִם כֹּל אֲשֶׁר בָּאָרֶץ יִגְוָע	**מַבּוּל**	flood
(ו,יח) וַהֲקִמֹתִי אֶת בְּרִיתִי אִתָּךְ וּבָאתָ אֶל הַתֵּבָה אַתָּה וּבָנֶיךָ וְאִשְׁתְּךָ וּנְשֵׁי בָנֶיךָ אִתָּךְ	**הֵקֵם**	establish/stood up
(ו,יח) וַהֲקִמֹתִי אֶת בְּרִיתִי אִתָּךְ וּבָאתָ אֶל הַתֵּבָה אַתָּה וּבָנֶיךָ וְאִשְׁתְּךָ וּנְשֵׁי בָנֶיךָ אִתָּךְ	**בְּרִית**	contract/agreement/ covenant
(ז,ו) וְנֹחַ בֶּן שֵׁשׁ מֵאוֹת שָׁנָה וְהַמַּבּוּל הָיָה מַיִם עַל הָאָרֶץ	**שֵׁשׁ**	six
(ז,יא) בִּשְׁנַת שֵׁשׁ מֵאוֹת שָׁנָה לְחַיֵּי נֹחַ בַּחֹדֶשׁ הַשֵּׁנִי בְּשִׁבְעָה עָשָׂר יוֹם לַחֹדֶשׁ בַּיּוֹם הַזֶּה נִבְקְעוּ כָּל מַעְיְנוֹת תְּהוֹם רַבָּה וַאֲרֻבֹּת הַשָּׁמַיִם נִפְתָּחוּ	**חֹדֶשׁ**	month
(ז,יז) וַיְהִי הַמַּבּוּל אַרְבָּעִים יוֹם עַל הָאָרֶץ וַיִּרְבּוּ הַמַּיִם וַיִּשְׂאוּ אֶת הַתֵּבָה וַתָּרָם מֵעַל הָאָרֶץ	**נָשָׂא**	carry
(ז,יט) וְהַמַּיִם גָּבְרוּ מְאֹד מְאֹד עַל הָאָרֶץ וַיְכֻסּוּ כָּל הֶהָרִים הַגְּבֹהִים אֲשֶׁר תַּחַת כָּל הַשָּׁמָיִם	**הַר**	mountain

MATCHING FUN!!! יט

<u>Directions - read carefully</u>: Draw a line from the Hebrew word to its correct translation

fifty	תֵּבָה
outside	בַּיִת
ark/box	חוּץ
inside/home	חֲמִישִּׁים

outside	חֲמִישִּׁים
fifty	בַּיִת
inside/home	תֵּבָה
ark/box	חוּץ

fifty	חוּץ
ark/box	חֲמִישִּׁים
outside	תֵּבָה
inside/home	בַּיִת

contract/agreement/covenant	אֲנִי
flood	מַבּוּל
establish/stood up	הֵקֵם
I	בְּרִית

flood	הֵקֵם
establish/stood up	אֲנִי
I	מַבּוּל
contract/agreement/covenant	בְּרִית

establish/stoodup	מַבּוּל
flood	בְּרִית
contract/agreement/covenant	אֲנִי
I	הֵקֵם

month	שֵׁשׁ
mountain	חֹדֶשׁ
six	נָשָׂא
carry	הַר

six	שֵׁשׁ
carry	הַר
month	חֹדֶשׁ
mountain	נָשָׂא

carry	נָשָׂא
month	שֵׁשׁ
mountain	חֹדֶשׁ
six	הַר

outside	חֲמִישִּׁים
inside/home	חוּץ
I	בַּיִת
establish/stood up	תֵּבָה
carry	בְּרִית
contract/agreement/covenant	מַבּוּל
mountain	אֲנִי
ark/box	הַר
six	חֹדֶשׁ
month	שֵׁשׁ
fifty	נָשָׂא
flood	הֵקֵם

ark/box	שֵׁשׁ
mountain	בְּרִית
establish/stood up	מַבּוּל
month	חוּץ
flood	נָשָׂא
carry	בַּיִת
outside	תֵּבָה
inside/home	אֲנִי
six	חֲמִישִּׁים
I	חֹדֶשׁ
fifty	הַר
contract/agreement/covenant	הֵקֵם

GEMATRIA FUN!!!

<u>Directions – read carefully:</u> Each letter of the Hebrew Alphabet is given a number value. Fill in the blank space above the numbers with the correct Hebrew letter that matches that number. After you decoded these Hebrew words draw a line to the correct translation.
(Look at the back page of this book for some gematria help!)

10	50	1			

• ark/box

300	4	8

• inside/home

300	300

• outside

200	5

• fifty

40	100	5

• I

90	6	8

• flood

400	10	2

• establish/stood up

5	2	400

• contract/agreement/covenant

400	10	200	2

• six

40	10	300	10	40	8

• month

1	300	50

• carry

30	6	2	40

• mountain

Word Search!!!

<u>Directions - read carefully:</u> Search in the word jumble to find the correct meanings of the Hebrew words below. Circle the words when you find them. REMEMBER-- to make sure all the translations are found.

J H   K H B   H E Q   I G S   K T D
B R T   Z T A   A D S   Z T Q   B B N
B A V   H Z V   I I Y   O P W   U Z O
H N Z   C W T   I S N   H F T   S Y E
X   Y S O   L Z C   N N I   Z I N   D X
T Y   T A F   L L A   A I A   Z Y B   X
F R T   O U I   A P R   G O T   H A E
J Q F   W G N   I Z T   R U N   E U E
W R I   Y U Q   K V N   E T U   B S M
R   E V F   J W F   Q E O   E S O   V C
N N   J D O   C S Z   P S C   M I M   L
V D U   T R H   F T V   R T Z   E D B
F L R   F Y A   N O X   K A Q   N E I
A T R   G Q N   O O K   H B O   T H F
L   C N Z   H P C   T D Z   U L Y   U K
X H   F J K   A S Y   G U T   B I E   S
U F X   L G S   J E R   X P N   B S U
W C E   O W I   Q M R   P C A   Y H T
I O S   O M V   V O A   Q D N   T Z V
N   B D T   D O I   M H C   W F E   A F
Z I   H T P   A N C   K W Z   U B V   B
X O B   T S G   J T K   G O D   R F O
C J N   F C N   V H R   J Q X   E T C
T M K   Y P N   U P A   J P S   G J N
C S R   X I S   F N Y   R F S   Q O

תֵּבָה	אֲנִי	שֵׁשׁ
בַּיִת	מַבּוּל	חֹדֶשׁ
חוּץ	הֵקִם	נָשָׂא
חֲמִישִּׁים	בְּרִית	הַר

Crossword Puzzle!!!

<u>**Directions – read carefully:**</u> Write the correct meanings of the Hebrew words below into the correct boxes of the crossword puzzle. Words can be written across or down and START with a number in their box.

Across

2. חוּץ
5. תֵּבָה
6. חֲמִישִּׁים
9. חֹדֶשׁ
10. הַר
12. נָשָׂא

Down

1. מַבּוּל
3. שֵׁשׁ
4. הָקֵם
7. בְּרִית
8. בַּיִת
11. אֲנִי

Unit יט

שֵׁם _____

1.

2.

3.

4.

5.

6.

7.

8.

9.

10.

11.

12.

Climbing

הַר סִינַי

כ

153

remember	זָכֹר
pass	עָבֹר
time	עֵת
first	רִאשׁוֹן
speak	דַּבֵּר
family	מִשְׁפָּחָה
altar	מִזְבֵּחַ
young man	נַעַר
but/however	אַךְ
you (mas. pl.)	אַתֶּם
cloud	עָנָן
wine	יַיִן

<u>Directions - read carefully:</u> Find and <u>underline</u> the vocabulary word in the passuk. This is the first time this word appears in the Chumash!!!

פסוקים		
(ח,א) וַיִּזְכֹּר אֱלֹקִים אֶת נֹחַ וְאֵת כָּל הַחַיָּה וְאֶת כָּל הַבְּהֵמָה אֲשֶׁר אִתּוֹ בַּתֵּבָה וַיַּעֲבֵר אֱלֹקִים רוּחַ עַל הָאָרֶץ וַיָּשֹׁכּוּ הַמָּיִם	**זָכֹר**	**remember**
(ח,א) וַיִּזְכֹּר אֱלֹקִים אֶת נֹחַ וְאֵת כָּל הַחַיָּה וְאֶת כָּל הַבְּהֵמָה אֲשֶׁר אִתּוֹ בַּתֵּבָה וַיַּעֲבֵר אֱלֹקִים רוּחַ עַל הָאָרֶץ וַיָּשֹׁכּוּ הַמָּיִם	**עָבֹר**	**pass**
(ח,יא) וַתָּבֹא אֵלָיו הַיּוֹנָה לְעֵת עֶרֶב וְהִנֵּה עֲלֵה זַיִת טָרָף בְּפִיהָ וַיֵּדַע נֹחַ כִּי קַלּוּ הַמַּיִם מֵעַל הָאָרֶץ	**עֵת**	**time**
(ח,יג) וַיְהִי בְּאַחַת וְשֵׁשׁ מֵאוֹת שָׁנָה בָּרִאשׁוֹן בְּאֶחָד לַחֹדֶשׁ חָרְבוּ הַמַּיִם מֵעַל הָאָרֶץ וַיָּסַר נֹחַ אֶת מִכְסֵה הַתֵּבָה וַיַּרְא וְהִנֵּה חָרְבוּ פְּנֵי הָאֲדָמָה	**רִאשׁוֹן**	**first**
(ח,טו) וַיְדַבֵּר אֱלֹקִים אֶל נֹחַ לֵאמֹר	**דַבֵּר**	**speak**
(ח,יט) כָּל הַחַיָּה כָּל הָרֶמֶשׂ וְכָל הָעוֹף כֹּל רוֹמֵשׂ עַל הָאָרֶץ לְמִשְׁפְּחֹתֵיהֶם יָצְאוּ מִן הַתֵּבָה	**מִשְׁפָּחָה**	**family**
(ח,כ) וַיִּבֶן נֹחַ מִזְבֵּחַ לַה׳ וַיִּקַּח מִכֹּל הַבְּהֵמָה הַטְּהֹרָה וּמִכֹּל הָעוֹף הַטָּהוֹר וַיַּעַל עֹלֹת בַּמִּזְבֵּחַ	**מִזְבֵּחַ**	**altar**
(ח,כא) וַיָּרַח ה׳ אֶת רֵיחַ הַנִּיחֹחַ וַיֹּאמֶר ה׳ אֶל לִבּוֹ לֹא אֹסִף לְקַלֵּל עוֹד אֶת הָאֲדָמָה בַּעֲבוּר הָאָדָם כִּי יֵצֶר לֵב הָאָדָם רַע מִנְּעֻרָיו וְלֹא אֹסִף עוֹד לְהַכּוֹת אֶת כָּל חַי כַּאֲשֶׁר עָשִׂיתִי	**נַעַר**	**young man**
(ט,ד) אַךְ בָּשָׂר בְּנַפְשׁוֹ דָמוֹ לֹא תֹאכֵלוּ	**אַךְ**	**but/however**
(ט,ז) וְאַתֶּם פְּרוּ וּרְבוּ שִׁרְצוּ בָאָרֶץ וּרְבוּ בָהּ	**אַתֶּם**	**you (mas. pl.)**
(ט,יג) אֶת קַשְׁתִּי נָתַתִּי בֶּעָנָן וְהָיְתָה לְאוֹת בְּרִית בֵּינִי וּבֵין הָאָרֶץ	**עָנָן**	**cloud**
(ט,כא) וַיֵּשְׁתְּ מִן הַיַּיִן וַיִּשְׁכָּר וַיִּתְגַּל בְּתוֹךְ אָהֳלֹה	**יַיִן**	**wine**

MATCHING FUN!!! כ

<u>Directions - read carefully</u>: Draw a line from the Hebrew word to its correct translation

first	זָכֹר
time	עָבֹר
pass	עֵת
remember	רִאשׁוֹן

time	רִאשׁוֹן
first	עָבֹר
remember	זָכֹר
pass	עֵת

first	עֵת
pass	רִאשׁוֹן
time	זָכֹר
remember	עָבֹר

family	דַבֵּר
altar	מִשְׁפָּחָה
young man	מִזְבֵּחַ
speak	נַעַר

altar	מִזְבֵּחַ
young man	דַבֵּר
speak	מִשְׁפָּחָה
family	נַעַר

young man	מִשְׁפָּחָה
altar	נַעַר
family	דַבֵּר
speak	מִזְבֵּחַ

cloud	אַךְ
wine	אַתֶּם
you (mas. pl.)	עָנָן
but/however	יַיִן

you (mas. pl.)	אַךְ
but/however	יַיִן
cloud	אַתֶּם
wine	עָנָן

but/however	עָנָן
cloud	אַךְ
wine	אַתֶּם
you (mas. pl.)	יַיִן

time	רִאשׁוֹן
remember	עֵת
speak	עָבֹר
young man	זָכֹר
but/however	נַעַר
family	מִשְׁפָּחָה
wine	דַבֵּר
pass	יַיִן
you (mas. pl.)	אַתֶּם
cloud	אַךְ
first	עָנָן
altar	מִזְבֵּחַ

pass	אַךְ
wine	נַעַר
young man	מִשְׁפָּחָה
cloud	עֵת
altar	עָנָן
but/however	עָבֹר
time	זָכֹר
remember	דַבֵּר
you (mas. pl.)	רִאשׁוֹן
speak	אַתֶּם
first	יַיִן
family	מִזְבֵּחַ

GEMATRIA FUN!!!

Directions - read carefully: Each letter of the Hebrew Alphabet is given a number value. Fill in the blank space above the numbers with the correct Hebrew letter that matches that number. After you decoded these Hebrew words draw a line to the correct translation.
(Look at the back page of this book for some gematria help!)

$$\overline{\quad}\ \overline{\quad}\ \overline{\quad}$$
200   2   4

$$\overline{\quad}\ \overline{\quad}\ \overline{\quad}$$
40   400   1

$$\overline{\quad}\ \overline{\quad}$$
400   70

$$\overline{\quad}\ \overline{\quad}\ \overline{\quad}\ \overline{\quad}\ \overline{\quad}$$
50   6   300   1   200

$$\overline{\quad}\ \overline{\quad}\ \overline{\quad}$$
200   70   50

$$\overline{\quad}\ \overline{\quad}\ \overline{\quad}$$
50   50   70

$$\overline{\quad}\ \overline{\quad}\ \overline{\quad}$$
50   10   10

$$\overline{\quad}\ \overline{\quad}\ \overline{\quad}$$
200   20   7

$$\overline{\quad}\ \overline{\quad}\ \overline{\quad}\ \overline{\quad}\ \overline{\quad}$$
5   8   80   300   40

$$\overline{\quad}\ \overline{\quad}$$
20   1

$$\overline{\quad}\ \overline{\quad}\ \overline{\quad}\ \overline{\quad}$$
8   2   7   40

$$\overline{\quad}\ \overline{\quad}\ \overline{\quad}$$
200   2   70

- remember
- pass
- time
- first
- speak
- family
- altar
- young man
- but/however
- you (mas. pl.)
- cloud
- wine

157

Word Search!!!

Directions – read carefully: Search in the word jumble to find the correct meanings of the Hebrew words below. Circle the words when you find them. REMEMBER-- to make sure all the translations are found.

																		Y	O
L	Y	G	D	U	O	L	C	E	T	T	I	G	V	B	C	M		Y	H
A	J	S	R	E	M	E	M	B	E	R	Z	J	S	D	A	I		S	D
A	Y														M	D		T	X
E	G		Y	L	I	M	A	F	F	A	A	O	J		Y	S		M	F
G	Y		Y	H	S	N	G	Q	Y	G	K	A	A		F	H		I	K
E	O		T	C								I	U		I	W		P	U
R	U		G	W		I	N	F	N	V		H	K		N	L		X	R
K	T		T	O		G	G	K	Z	Z		H	L		H	S		P	X
Y	U		B	L		B	T		R	M		O	F		O	L		B	K
O	B		F	V		E	H		G	G		B	Q		W	V		K	K
U	M		E	L		N	U					Q	U		E	U		M	B
N	I		M	E		I	X	Y	T	C	Y	F	N		V	Y		V	S
G	Y		I	S		W	Z	C	I	K	L	M	X		E	Y		S	S
M	F		T	H											R	Q		P	A
A	I		P	D	O	M	I	L	E	S	I	B	O	M	M	Q		E	P
N	R		P	D	B	X	Q	M	J	S	L	S	B	P	R	X		A	Y
E	S																	K	S
B	T	W	B	Q	A	T	S	I	Z	Q	G	I	Z	N	Z	W	Y	Z	W
X	J	L	G	M	R	A	T	L	A	Q	K	I	Z	S	P	F	N	L	U

זָכֹר	דַּבֵּר	אַךְ
עָבֹר	מִשְׁפָּחָה	אַתֶּם
עֵת	מִזְבֵּחַ	עָנָן
רִאשׁוֹן	נַעַר	יַיִן

Crossword Puzzle!!!

__Directions – read carefully:__ Write the correct meanings of the Hebrew words below into the correct boxes of the crossword puzzle. Words can be written across or down and START with a number in their box.

Across	Down
3. דַּבֵּר	1. אַךְ
4. אַתֶּם	2. עָבֹר
6. רִאשׁוֹן	4. נַעַר
9. עָנָן	5. מִזְבֵּחַ
10. זָכֹר	7. עֵת
11. מִשְׁפָּחָה	8. יַיִן

Unit כ

שֵׁם

1.

2.

3.

4.

5.

6.

7.

8.

9.

10.

11.

12.

160

Climbing

הַר סִינַי

כא

servant	עֶבֶד
Power/HaShem	אֵל
nation/people	גוֹי
tongue/language	לָשׁוֹן
hunter	צַיָּד
word/thing	דָּבָר
travel	נָסֹע
nation/people	עָם
two hundred	מָאתַיִם
daughter	בַּת
blessing	בְּרָכָה
possessions/belongings	רְכוּשׁ

Directions - read carefully: Find and underline the vocabulary word in the passuk. This is the first time this word appears in the Chumash!!!

פסוקים		
(ט,כה) וַיֹּאמֶר אָרוּר כְּנָעַן עֶבֶד עֲבָדִים יִהְיֶה לְאֶחָיו	עֶבֶד	servant
(ט,כו) וַיֹּאמֶר בָּרוּךְ ה׳ אֱלֹקֵי שֵׁם וִיהִי כְנַעַן עֶבֶד לָמוֹ	אֵל	Power/HaShem
(י,ה) מֵאֵלֶּה נִפְרְדוּ אִיֵּי הַגּוֹיִם בְּאַרְצֹתָם אִישׁ לִלְשֹׁנוֹ לְמִשְׁפְּחֹתָם בְּגוֹיֵהֶם	גוֹי	nation/people
(י,ה) מֵאֵלֶּה נִפְרְדוּ אִיֵּי הַגּוֹיִם בְּאַרְצֹתָם אִישׁ לִלְשֹׁנוֹ לְמִשְׁפְּחֹתָם בְּגוֹיֵהֶם	לָשׁוֹן	tongue/language
(י,ט) הוּא הָיָה גִבֹּר צַיִד לִפְנֵי ה׳ עַל כֵּן יֵאָמַר כְּנִמְרֹד גִּבּוֹר צַיִד לִפְנֵי ה׳	צַיִד	hunter
(יא,א) וַיְהִי כָל הָאָרֶץ שָׂפָה אֶחָת וּדְבָרִים אֲחָדִים	דָּבָר	word/thing
(יא,ב) וַיְהִי בְּנָסְעָם מִקֶּדֶם וַיִּמְצְאוּ בִקְעָה בְּאֶרֶץ שִׁנְעָר וַיֵּשְׁבוּ שָׁם	נָסַע	travel
(יא,ו) וַיֹּאמֶר ה׳ הֵן עַם אֶחָד וְשָׂפָה אַחַת לְכֻלָּם וְזֶה הַחִלָּם לַעֲשׂוֹת וְעַתָּה לֹא יִבָּצֵר מֵהֶם כֹּל אֲשֶׁר יָזְמוּ לַעֲשׂוֹת	עַם	nation/people
(יא,יט) וַיְחִי פֶלֶג אַחֲרֵי הוֹלִידוֹ אֶת רְעוּ תֵּשַׁע שָׁנִים וּמָאתַיִם שָׁנָה וַיּוֹלֶד בָּנִים וּבָנוֹת	מָאתַיִם	two hundred
(יא,כט) וַיִּקַּח אַבְרָם וְנָחוֹר לָהֶם נָשִׁים שֵׁם אֵשֶׁת אַבְרָם שָׂרָי וְשֵׁם אֵשֶׁת נָחוֹר מִלְכָּה בַּת הָרָן אֲבִי מִלְכָּה וַאֲבִי יִסְכָּה	בַּת	daughter
(יב,ב) וְאֶעֶשְׂךָ לְגוֹי גָּדוֹל וַאֲבָרֶכְךָ וַאֲגַדְּלָה שְׁמֶךָ וֶהְיֵה בְּרָכָה	בְּרָכָה	blessing
(יב,ה) וַיִּקַּח אַבְרָם אֶת שָׂרַי אִשְׁתּוֹ וְאֶת לוֹט בֶּן אָחִיו וְאֶת כָּל רְכוּשָׁם אֲשֶׁר רָכָשׁוּ וְאֶת הַנֶּפֶשׁ אֲשֶׁר עָשׂוּ בְחָרָן וַיֵּצְאוּ לָלֶכֶת אַרְצָה כְּנַעַן וַיָּבֹאוּ אַרְצָה כְּנָעַן	רְכוּשׁ	possessions/belongings

MATCHING FUN!!!

<u>**Directions – read carefully**</u>: Draw a line from the Hebrew word to its correct translation

nation/people	עֶבֶד
servant	אֵל
tongue/language	גוֹי
Power/HaShem	לָשׁוֹן

servant	לָשׁוֹן
nation/people	אֵל
Power/HaShem	עֶבֶד
tongue/language	גוֹי

nation/people	גוֹי
tongue/language	לָשׁוֹן
servant	עֶבֶד
Power/HaShem	אֵל

nation/people	צַיָּד
travel	דָּבָר
hunter	נָסַע
word/thing	עַם

travel	נָסַע
hunter	צַיָּד
word/thing	דָּבָר
nation/people	עַם

hunter	דָּבָר
travel	עַם
nation/people	צַיָּד
word/thing	נָסַע

possessions/belongings	מָאתַיִם
daughter	בַּת
two hundred	בְּרָכָה
blessing	רְכוּשׁ

two hundred	מָאתַיִם
blessing	רְכוּשׁ
possessions/belongings	בַּת
daughter	בְּרָכָה

blessing	בְּרָכָה
possessions/belongings	מָאתַיִם
daughter	בַּת
two hundred	רְכוּשׁ

servant	לָשׁוֹן
Power/HaShem	גוֹי
word/thing	אֵל
hunter	עֶבֶד
daughter	עַם
nation/people	דָּבָר
two hundred	צַיָּד
tongue/language	רְכוּשׁ
blessing	בַּת
possessions/belongings	מָאתַיִם
nation/people	בְּרָכָה
travel	נָסַע

tongue/language	מָאתַיִם
daughter	עַם
hunter	דָּבָר
possessions/belongings	גוֹי
travel	בְּרָכָה
blessing	אֵל
servant	עֶבֶד
Power/HaShem	צַיָּד
two hundred	לָשׁוֹן
word/thing	בַּת
nation/people	רְכוּשׁ
nation/people	נָסַע

GEMATRIA FUN!!!

<u>Directions - read carefully:</u> Each letter of the Hebrew Alphabet is given a number value. Fill in the blank space above the numbers with the correct Hebrew letter that matches that number. After you decoded these Hebrew words draw a line to the correct translation.

(Look at the back page of this book for some gematria help!)

10	6	3

70	60	50

40	70

30	1

5	20	200	2

200	2	4

300	6	20	200

4	10	90

4	2	70

40	10	400	1	40

400	2

50	6	300	30

- servant
- Power/HaShem
- nation/people
- tongue/language
- hunter
- word/thing
- travel
- nation/people
- two hundred
- daughter
- blessing
- possessions/belongings

Word Search!!!

Directions – read carefully: Search in the word jumble to find the correct meanings of the Hebrew words below. Circle the words when you find them. REMEMBER-- to make sure all the translations are found.

```
K M   Y Z F   A F V   R O P   U C N
T F K   X R J   X U P   H X Z   X U N
V E F   U O R   S K D   A W M   S Z F
I T C   G V P   N U K   S C J   D L T
T   P T W   N C X   O K S   H O J   J G
G Q   N Z E   I H S   I Z G   E W F   P
H B G   O A L   H Y E   S O N   M O S
R X F   S V P   T H R   S R I   J D B
O S W   H Y O   D Z V   E L G   P Z P
O   Q L T   Y D E   E O A   S H N   K G
S O   Q C R   N S P   R X N   S H O   Y
G L W   X Q A   Z G L   D M T   O X L
C S Z   E C V   B P W   N G D   P G E
W M R   G R E   L B Z   U J N   E K B
O   P R R   A E L   E P R   H Q A   V T
J O   O V C   U C C   S M E   O E T   C
H Q O   H W D   G B X   S P T   W H I
D Y I   T S H   N K K   I O N   T D O
A E Y   L C B   A I G   N W U   U O N
T   U J G   U R A   L P D   G E H   L H
I P   G Z F   W S S   B S R   A R M   A
I S M   H N L   C Y F   G G O   S C A
J A I   T T W   Q S I   B G W   A A A
T L M   E S P   A R P   F P E   S P A
J L Q   R I U   M Z F   F J Y   G H
```

עֶבֶד	צַיָּד	מָאתַיִם
אֵל	דָּבָר	בַּת
גוֹי	נָסַע	בְּרָכָה
לָשׁוֹן	עָם	רְכוּשׁ

Crossword Puzzle!!!

__Directions - read carefully:__ Write the correct meanings of the Hebrew words below into the correct boxes of the crossword puzzle. Words can be written across or down and START with a number in their box.

Across

1. גּוֹי
4. צַיָּד
6. בַּת
9. עֶבֶד
11. בְּרָכָה
12. אֵל

Down

2. לָשׁוֹן
3. רְכוּשׁ
5. עַם
7. דָּבָר
8. נָסַע
10. מָאתַיִם

שֵׁם

1.

2.

3.

4.

5.

6.

7.

8.

9.

10.

11.

12.

Climbing

הַר סִינַי

כב

hunger/famine	רָעָב
please/now	נָא
maidservant	שִׁפְחָה
female donkey	אָתוֹן
camel	גָּמָל
silver/money	כֶּסֶף
able	יָכוֹל
brothers	אַחִים
left	שְׂמֹאל
right	יָמִין
war	מִלְחָמָה
friend	חָבֵר

<u>Directions - read carefully:</u> Find and <u>underline</u> the vocabulary word in the passuk. This is the first time this word appears in the Chumash!!!

פסוקים		
(יב,י) וַיְהִי רָעָב בָּאָרֶץ וַיֵּרֶד אַבְרָם מִצְרַיְמָה לָגוּר שָׁם כִּי כָבֵד הָרָעָב בָּאָרֶץ	רָעָב	hunger/famine
(יב,יא) וַיְהִי כַּאֲשֶׁר הִקְרִיב לָבוֹא מִצְרָיְמָה וַיֹּאמֶר אֶל שָׂרַי אִשְׁתּוֹ הִנֵּה נָא יָדַעְתִּי כִּי אִשָּׁה יְפַת מַרְאֶה אָתְּ	נָא	please/now
(יב,טז) וּלְאַבְרָם הֵיטִיב בַּעֲבוּרָהּ וַיְהִי לוֹ צֹאן וּבָקָר וַחֲמֹרִים וַעֲבָדִים וּשְׁפָחֹת וַאֲתֹנֹת וּגְמַלִּים	שִׁפְחָה	maidservant
(יב,טז) וּלְאַבְרָם הֵיטִיב בַּעֲבוּרָהּ וַיְהִי לוֹ צֹאן וּבָקָר וַחֲמֹרִים וַעֲבָדִים וּשְׁפָחֹת וַאֲתֹנֹת וּגְמַלִּים	אָתוֹן	female donkey
(יב,טז) וּלְאַבְרָם הֵיטִיב בַּעֲבוּרָהּ וַיְהִי לוֹ צֹאן וּבָקָר וַחֲמֹרִים וַעֲבָדִים וּשְׁפָחֹת וַאֲתֹנֹת וּגְמַלִּים	גָּמָל	camel
(יג,ב) וְאַבְרָם כָּבֵד מְאֹד בַּמִּקְנֶה בַּכֶּסֶף וּבַזָּהָב	כֶּסֶף	silver/money
(יג,ו) וְלֹא נָשָׂא אֹתָם הָאָרֶץ לָשֶׁבֶת יַחְדָּו כִּי הָיָה רְכוּשָׁם רָב וְלֹא יָכְלוּ לָשֶׁבֶת יַחְדָּו	יָכוֹל	able
(יג,ח) וַיֹּאמֶר אַבְרָם אֶל לוֹט אַל נָא תְהִי מְרִיבָה בֵּינִי וּבֵינֶךָ וּבֵין רֹעַי וּבֵין רֹעֶיךָ כִּי אֲנָשִׁים אַחִים אֲנָחְנוּ	אַחִים	brothers
(יג,ט) הֲלֹא כָל הָאָרֶץ לְפָנֶיךָ הִפָּרֶד נָא מֵעָלָי אִם הַשְּׂמֹאל וְאֵימִנָה וְאִם הַיָּמִין וְאַשְׂמְאִילָה	שְׂמֹאל	left
(יג,ט) הֲלֹא כָל הָאָרֶץ לְפָנֶיךָ הִפָּרֶד נָא מֵעָלָי אִם הַשְּׂמֹאל וְאֵימִנָה וְאִם הַיָּמִין וְאַשְׂמְאִילָה	יָמִין	right
(יד,ב) עָשׂוּ מִלְחָמָה אֶת בֶּרַע מֶלֶךְ סְדֹם וְאֶת בִּרְשַׁע מֶלֶךְ עֲמֹרָה שִׁנְאָב מֶלֶךְ אַדְמָה וְשֶׁמְאֵבֶר מֶלֶךְ צְבֹיִים [צְבוֹיִם] וּמֶלֶךְ בֶּלַע הִיא צֹעַר	מִלְחָמָה	war
(יד,ג) כָּל אֵלֶּה חָבְרוּ אֶל עֵמֶק הַשִּׂדִּים הוּא יָם הַמֶּלַח	חָבֵר	friend

MATCHING FUN!!!

Directions – read carefully: Draw a line from the Hebrew word to its correct translation

female donkey	רָעָב
hunger/famine	נָא
please/now	שִׁפְחָה
maidservant	אָתוֹן

hunger/famine	אָתוֹן
female donkey	נָא
maidservant	רָעָב
please/now	שִׁפְחָה

female donkey	שִׁפְחָה
please/now	אָתוֹן
hunger/famine	רָעָב
maidservant	נָא

able	גָּמָל
brothers	כֶּסֶף
camel	יָכוֹל
silver/money	אַחִים

brothers	יָכוֹל
camel	גָּמָל
silver/money	כֶּסֶף
able	אַחִים

camel	כֶּסֶף
brothers	אַחִים
able	גָּמָל
silver/money	יָכוֹל

right	שְׂמֹאל
left	יָמִין
friend	מִלְחָמָה
war	חָבֵר

friend	שְׂמֹאל
war	חָבֵר
right	יָמִין
left	מִלְחָמָה

war	מִלְחָמָה
right	שְׂמֹאל
left	יָמִין
friend	חָבֵר

hunger/famine	אָתוֹן
maidservant	שִׁפְחָה
silver/money	נָא
camel	רָעָב
war	אַחִים
able	כֶּסֶף
left	גָּמָל
please/now	חָבֵר
friend	יָמִין
right	שְׂמֹאל
female donkey	מִלְחָמָה
brothers	יָכוֹל

please/now	שְׂמֹאל
left	אַחִים
camel	כֶּסֶף
right	שִׁפְחָה
brothers	מִלְחָמָה
war	נָא
hunger/famine	רָעָב
maidservant	גָּמָל
friend	אָתוֹן
silver/money	יָמִין
female donkey	חָבֵר
able	יָכוֹל

GEMATRIA FUN!!!

Directions – read carefully: Each letter of the Hebrew Alphabet is given a number value. Fill in the blank space above the numbers with the correct Hebrew letter that matches that number. After you decoded these Hebrew words draw a line to the correct translation.
(Look at the back page of this book for some gematria help!)

‾30‾	‾40‾	‾3‾		

‾200‾	‾2‾	‾8‾

‾1‾	‾50‾

‾30‾	‾1‾	‾40‾	‾300‾

‾80‾	‾60‾	‾20‾

‾30‾	‾6‾	‾20‾	‾10‾

‾2‾	‾70‾	‾200‾

‾5‾	‾40‾	‾8‾	‾30‾	‾40‾

‾5‾	‾8‾	‾80‾	‾300‾

‾50‾	‾10‾	‾40‾	‾10‾

‾50‾	‾6‾	‾400‾	‾1‾

‾40‾	‾10‾	‾8‾	‾1‾

- hunger/famine

- please/now

- maidservant

- female donkey

- camel

- silver/money

- able

- brothers

- left

- right

- war

- friend

Word Search!!!

__Directions – read carefully:__ Search in the word jumble to find the correct meanings of the Hebrew words below. Circle the words when you find them. REMEMBER-- to make sure all the translations are found.

O U Q O J I U G A I E A W D M N E J

B Q U I G O C F P M N X

E K B D C A A Q I G R

M H A V I T M S I I F S H

N S E M X I E Y W D K G V

U J B F N F C P H K L E C T B Y E N U V Y E F T

V J Y S A H G B K E F B S M E U L W B W O H P I T N

M O U M I E S P I K T F E M A L E D O N K E Y P Z X

Y A I E D L L M A I D S E R V A N T N P L E A S E J

D N C Y R O V X X I S A F U O U X P O N Q W J E W E

E X S U E W I E Z F N B S B U N Z S O S Z V Z A Z

E J D M G H N Q R E L L W E X F O W S T A A B T J

T Z B Y N Z E I K Y Z E A X A Z D L C H T N F D I

J I C D U Q E S R E H T O R B C B K B G I E D A E I

O A J Q H N J B O N Z C A E F G Y X W I L C B P T X C

W A R W D I G B P O H E O S O N H I O R Y Y U H B S J P

R Q I H P B W X J M Z J A O F P W T V O A R B W D Y H D D

B D U W E Q P B W G M I E B G Y Z V C W

K Z R N T H Y B D Q G V

רָעֵב	גָּמָל	שְׂמֹאל
נָא	כֶּסֶף	יָמִין
שִׁפְחָה	יָכוֹל	מִלְחָמָה
אָתוֹן	אַחִים	חָבֵר

Crossword Puzzle!!!

Directions – read carefully: Write the correct meanings of the Hebrew words below into the correct boxes of the crossword puzzle. Words can be written across or down and START with a number in their box.

Across

5. אָתוֹן
8. יָכוֹל
9. חָבֵר
10. שְׂמֹאל
11. מִלְחָמָה
12. יָמִין

Down

1. רָעָב
2. גָּמָל
3. אַחִים
4. נָא
6. כֶּסֶף
7. שִׂפְחָה

שֵׁם

1.

2.

3.

4.

5.

6.

7.

8.

9.

10.

11.

12.

Climbing

הַר סִינַי

כג

hit	הַכֵּה
well	בְּאֵר
so	כֹּה
goat	עֵז
ram	אַיִל
young bird	גוֹזָל
carcass	פֶּגֶר
peace	שָׁלוֹם
grave	קֶבֶר
perhaps/maybe	אוּלַי
law/justice	מִשְׁפָּט
angel	מַלְאָךְ

Directions - read carefully: Find and underline the vocabulary word in the passuk. This is the first time this word appears in the Chumash!!!

פסוקים		
(יד,ה) וּבְאַרְבַּע עֶשְׂרֵה שָׁנָה בָּא כְדָרְלָעֹמֶר וְהַמְּלָכִים אֲשֶׁר אִתּוֹ וַיַּכּוּ אֶת רְפָאִים בְּעַשְׁתְּרֹת קַרְנַיִם וְאֶת הַזּוּזִים בְּהָם וְאֵת הָאֵימִים בְּשָׁוֵה קִרְיָתָיִם	הַכֵּה	hit
(יד,י) וְעֵמֶק הַשִּׂדִּים בֶּאֱרֹת בֶּאֱרֹת חֵמָר וַיָּנֻסוּ מֶלֶךְ סְדֹם וַעֲמֹרָה וַיִּפְּלוּ שָׁמָּה וְהַנִּשְׁאָרִים הֶרָה נָּסוּ	בְּאֵר	well
(טו,ה) וַיּוֹצֵא אֹתוֹ הַחוּצָה וַיֹּאמֶר הַבֶּט נָא הַשָּׁמַיְמָה וּסְפֹר הַכּוֹכָבִים אִם תּוּכַל לִסְפֹּר אֹתָם וַיֹּאמֶר לוֹ כֹּה יִהְיֶה זַרְעֶךָ	כֹּה	so
(טו,ט) וַיֹּאמֶר אֵלָיו קְחָה לִי עֶגְלָה מְשֻׁלֶּשֶׁת וְעֵז מְשֻׁלֶּשֶׁת וְאַיִל מְשֻׁלָּשׁ וְתֹר וְגוֹזָל	עֵז	goat
(טו,ט) וַיֹּאמֶר אֵלָיו קְחָה לִי עֶגְלָה מְשֻׁלֶּשֶׁת וְעֵז מְשֻׁלֶּשֶׁת וְאַיִל מְשֻׁלָּשׁ וְתֹר וְגוֹזָל	אַיִל	ram
(טו,ט) וַיֹּאמֶר אֵלָיו קְחָה לִי עֶגְלָה מְשֻׁלֶּשֶׁת וְעֵז מְשֻׁלֶּשֶׁת וְאַיִל מְשֻׁלָּשׁ וְתֹר וְגוֹזָל	גוֹזָל	young bird
(טו,יא) וַיֵּרֶד הָעַיִט עַל הַפְּגָרִים וַיַּשֵּׁב אֹתָם אַבְרָם	פֶּגֶר	carcass
(טו,טו) וְאַתָּה תָּבוֹא אֶל אֲבֹתֶיךָ בְּשָׁלוֹם תִּקָּבֵר בְּשֵׂיבָה טוֹבָה	שָׁלוֹם	peace
(טו,טו) וְאַתָּה תָּבוֹא אֶל אֲבֹתֶיךָ בְּשָׁלוֹם תִּקָּבֵר בְּשֵׂיבָה טוֹבָה	קֶבֶר	grave
(טז,ב) וַתֹּאמֶר שָׂרַי אֶל אַבְרָם הִנֵּה נָא עֲצָרַנִי ה׳ מִלֶּדֶת בֹּא נָא אֶל שִׁפְחָתִי אוּלַי אִבָּנֶה מִמֶּנָּה וַיִּשְׁמַע אַבְרָם לְקוֹל שָׂרָי	אוּלַי	perhaps/maybe
(טז,ה) וַתֹּאמֶר שָׂרַי אֶל אַבְרָם חֲמָסִי עָלֶיךָ אָנֹכִי נָתַתִּי שִׁפְחָתִי בְּחֵיקֶךָ וַתֵּרֶא כִּי הָרָתָה וָאֵקַל בְּעֵינֶיהָ יִשְׁפֹּט ה׳ בֵּינִי וּבֵינֶיךָ	מִשְׁפָּט	law/justice
(טז,ז) וַיִּמְצָאָהּ מַלְאַךְ ה׳ עַל עֵין הַמַּיִם בַּמִּדְבָּר עַל הָעַיִן בְּדֶרֶךְ שׁוּר: ח וַיֹּאמַר הָגָר שִׁפְחַת שָׂרַי אֵי מִזֶּה בָאת וְאָנָה תֵלֵכִי וַתֹּאמֶר מִפְּנֵי שָׂרַי גְּבִרְתִּי אָנֹכִי בֹּרַחַת	מַלְאָךְ	angel

MATCHING FUN!!! כג

<u>Directions – read carefully</u>: Draw a line from the Hebrew word to its correct translation

goat	הַכֵּה
so	בְּאֵר
hit	כֹּה
well	עֵז

so	עֵז
goat	בְּאֵר
well	הַכֵּה
hit	כֹּה

goat	כֹּה
hit	עֵז
so	הַכֵּה
well	בְּאֵר

young bird	אַיִל
ram	גוֹזָל
peace	שָׁלוֹם
carcass	פֶּגֶר

ram	שָׁלוֹם
peace	אַיִל
carcass	גוֹזָל
young bird	פֶּגֶר

peace	גוֹזָל
ram	פֶּגֶר
young bird	אַיִל
carcass	שָׁלוֹם

law/justice	קֶבֶר
angel	אוּלַי
grave	מִשְׁפָּט
perhaps/maybe	מַלְאָךְ

grave	קֶבֶר
perhaps/maybe	מַלְאָךְ
law/justice	אוּלַי
angel	מִשְׁפָּט

perhaps/maybe	מִשְׁפָּט
law/justice	קֶבֶר
angel	אוּלַי
grave	מַלְאָךְ

so	עֵז
well	כֹּה
carcass	בְּאֵר
peace	הַכֵּה
perhaps/maybe	פֶּגֶר
young bird	גוֹזָל
angel	אַיִל
hit	מַלְאָךְ
grave	אוּלַי
law/justice	קֶבֶר
goat	מִשְׁפָּט
ram	שָׁלוֹם

hit	קֶבֶר
angel	פֶּגֶר
peace	גוֹזָל
law/justice	כֹּה
ram	מִשְׁפָּט
perhaps/maybe	בְּאֵר
so	הַכֵּה
well	אַיִל
grave	עֵז
carcass	אוּלַי
goat	מַלְאָךְ
young bird	שָׁלוֹם

GEMATRIA FUN!!!

<u>Directions – read carefully:</u> Each letter of the Hebrew Alphabet is given a number value. Fill in the blank space above the numbers with the correct Hebrew letter that matches that number. After you decoded these Hebrew words draw a line to the correct translation.
(Look at the back page of this book for some gematria help!)

200	1	2	

200	2	100

7	70

5	20

30	10	1

9	80	300	40

5	20	5

200	3	80

20	1	30	40

10	30	6	1

30	7	6	3

40	6	30	300

- hit
- well
- so
- goat
- ram
- young bird
- carcass
- peace
- grave
- perhaps/maybe
- law/justice
- angel

Word Search!!!

Directions – read carefully: Search in the word jumble to find the correct meanings of the Hebrew words below. Circle the words when you find them. REMEMBER-- to make sure all the translations are found.

```
D Q I M V N I X T M H P D Q L
C M H I T Q H F G W E J J N M
V J P I S V J Q M A Y K T W E
A D N U R P F E C I T S U J Y
J E O L L E W E X M P G Y Z H
H Z P B I R D T S E B Y A M D
S D G S L H T V Y E G H G L N
X O O H R A B O G N F R O M L
V I A W F P W F U V A K C U V
R G T G Q S Q O Q V S U I T G
N N H T H R Y S E I O G H P M
N L I J L G E Y I L E L R O A
P J A N G E L I K W L Q W Z R
I R H F V I S H C H C Y V X W
E H S S A C R A C S Y H Z F S
```

קֶבֶר   אַיִל   הַכֵּה

אוּלַי   גוֹזָל   בְּאֵר

מִשְׁפָּט   פֶּגֶר   כֹּה

מַלְאָךְ   שָׁלוֹם   עֵז

Crossword Puzzle!!!

<u>Directions – read carefully:</u> Write the correct meanings of the Hebrew words below into the correct boxes of the crossword puzzle. Words can be written across or down and START with a number in their box.

Across

3. עֵז
5. מַלְאָךְ
8. אוּלַי
9. בְּאֵר
11. פֶּגֶר

Down

1. הַכֵּה
2. גּוֹזָל
4. קֶבֶר
6. מִשְׁפָּט
7. שָׁלוֹם
10. אַיִל
12. כֹּה

שֵׁם ______________________________

1.

2.

3.

4.

5.

6.

7.

8.

9.

10.

11.

12.

Climbing

הַר סִינַי

כד

circumcise	מוֹל
run	רָץ
gate	שַׁעַר
kindness	חֶסֶד
thousand	אֶלֶף
false	שֶׁקֶר
world	עוֹלָם
love	אָהֹב
drink	שָׁתֹה
truth/reality	אֱמֶת
vessel	כְּלִי
clothing	בֶּגֶד

Directions – read carefully: Find and underline the vocabulary word in the passuk. This is the first time this word appears in the Chumash!!!

פסוקים		
(יז,י) זֹאת בְּרִיתִי אֲשֶׁר תִּשְׁמְרוּ בֵּינִי וּבֵינֵיכֶם וּבֵין זַרְעֲךָ אַחֲרֶיךָ הִמּוֹל לָכֶם כָּל זָכָר	מוֹל	circumcise
(יח,ב) וַיִּשָּׂא עֵינָיו וַיַּרְא וְהִנֵּה שְׁלֹשָׁה אֲנָשִׁים נִצָּבִים עָלָיו וַיַּרְא וַיָּרָץ לִקְרָאתָם מִפֶּתַח הָאֹהֶל וַיִּשְׁתַּחוּ אָרְצָה	רָץ	run
(יט,א) וַיָּבֹאוּ שְׁנֵי הַמַּלְאָכִים סְדֹמָה בָּעֶרֶב וְלוֹט יֹשֵׁב בְּשַׁעַר סְדֹם וַיַּרְא לוֹט וַיָּקָם לִקְרָאתָם וַיִּשְׁתַּחוּ אַפַּיִם אָרְצָה	שַׁעַר	gate
(יט,יט) הִנֵּה נָא מָצָא עַבְדְּךָ חֵן בְּעֵינֶיךָ וַתַּגְדֵּל חַסְדְּךָ אֲשֶׁר עָשִׂיתָ עִמָּדִי לְהַחֲיוֹת אֶת נַפְשִׁי וְאָנֹכִי לֹא אוּכַל לְהִמָּלֵט הָהָרָה פֶּן תִּדְבָּקַנִי הָרָעָה וָמַתִּי	חֶסֶד	kindness
(כ,טז) וּלְשָׂרָה אָמַר הִנֵּה נָתַתִּי אֶלֶף כֶּסֶף לְאָחִיךְ הִנֵּה הוּא לָךְ כְּסוּת עֵינַיִם לְכֹל אֲשֶׁר אִתָּךְ וְאֵת כֹּל וְנֹכָחַת	אֶלֶף	thousand
(כא,כג) וְעַתָּה הִשָּׁבְעָה לִּי בֵאלֹקִים הֵנָּה אִם תִּשְׁקֹר לִי וּלְנִינִי וּלְנֶכְדִּי כַּחֶסֶד אֲשֶׁר עָשִׂיתִי עִמְּךָ תַּעֲשֶׂה עִמָּדִי וְעִם הָאָרֶץ אֲשֶׁר גַּרְתָּה בָּהּ	שֶׁקֶר	false
(כא,לג) וַיִּטַּע אֵשֶׁל בִּבְאֵר שָׁבַע וַיִּקְרָא שָׁם בְּשֵׁם ה' אֵל עוֹלָם	עוֹלָם	world
(כב,ב) וַיֹּאמֶר קַח נָא אֶת בִּנְךָ אֶת יְחִידְךָ אֲשֶׁר אָהַבְתָּ אֶת יִצְחָק וְלֶךְ לְךָ אֶל אֶרֶץ הַמֹּרִיָּה וְהַעֲלֵהוּ שָׁם לְעֹלָה עַל אַחַד הֶהָרִים אֲשֶׁר אֹמַר אֵלֶיךָ	אָהֹב	love
(כד,יד) וְהָיָה הַנַּעֲרָ אֲשֶׁר אֹמַר אֵלֶיהָ הַטִּי נָא כַדֵּךְ וְאֶשְׁתֶּה וְאָמְרָה שְׁתֵה וְגַם גְּמַלֶּיךָ אַשְׁקֶה אֹתָהּ הֹכַחְתָּ לְעַבְדְּךָ לְיִצְחָק וּבָהּ אֵדַע כִּי עָשִׂיתָ חֶסֶד עִם אֲדֹנִי	שָׁתֹה	drink
(כד,כז) וַיֹּאמֶר בָּרוּךְ ה' אֱלֹהֵי אֲדֹנִי אַבְרָהָם אֲשֶׁר לֹא עָזַב חַסְדּוֹ וַאֲמִתּוֹ מֵעִם אֲדֹנִי אָנֹכִי בַּדֶּרֶךְ נָחַנִי ה' בֵּית אֲחֵי אֲדֹנִי	אֱמֶת	truth/reality
(כד,נג) וַיּוֹצֵא הָעֶבֶד כְּלֵי כֶסֶף וּכְלֵי זָהָב וּבְגָדִים וַיִּתֵּן לְרִבְקָה וּמִגְדָּנֹת נָתַן לְאָחִיהָ וּלְאִמָּהּ	כְּלִי	vessel
(כד,נג) וַיּוֹצֵא הָעֶבֶד כְּלֵי כֶסֶף וּכְלֵי זָהָב וּבְגָדִים וַיִּתֵּן לְרִבְקָה וּמִגְדָּנֹת נָתַן לְאָחִיהָ וּלְאִמָּהּ	בֶּגֶד	clothing

MATCHING FUN!!! כד

<u>Directions - read carefully</u>: Draw a line from the Hebrew word to its correct translation

gate	מוֹל
kindness	רָץ
circumcise	שַׁעַר
run	חֶסֶד

kindness	חֶסֶד
gate	רָץ
run	מוֹל
circumcise	שַׁעַר

gate	שַׁעַר
circumcise	חֶסֶד
kindness	מוֹל
run	רָץ

false	אֶלֶף
world	שֶׁקֶר
love	עוֹלָם
thousand	אָהֹב

world	עוֹלָם
love	אֶלֶף
thousand	שֶׁקֶר
false	אָהֹב

love	שֶׁקֶר
world	אָהֹב
false	אֶלֶף
thousand	עוֹלָם

clothing	שָׁתֹה
vessel	אֱמֶת
drink	כְּלִי
truth/reality	בֶּגֶד

drink	שָׁתֹה
truth/reality	בֶּגֶד
clothing	אֱמֶת
vessel	כְּלִי

truth/reality	כְּלִי
clothing	שָׁתֹה
vessel	אֱמֶת
drink	בֶּגֶד

kindness	חֶסֶד
run	שַׁעַר
thousand	רָץ
love	מוֹל
truth/reality	אָהֹב
false	שֶׁקֶר
vessel	אֶלֶף
circumcise	בֶּגֶד
drink	אֱמֶת
clothing	שָׁתֹה
gate	כְּלִי
world	עוֹלָם

circumcise	שָׁתֹה
vessel	אָהֹב
love	שֶׁקֶר
clothing	שַׁעַר
world	כְּלִי
truth/reality	רָץ
kindness	מוֹל
run	אֶלֶף
drink	חֶסֶד
thousand	אֱמֶת
gate	בֶּגֶד
false	עוֹלָם

GEMATRIA FUN!!!

<u>Directions - read carefully:</u> Each letter of the Hebrew Alphabet is given a number value. Fill in the blank space above the numbers with the correct Hebrew letter that matches that number. After you decoded these Hebrew words draw a line to the correct translation.
(Look at the back page of this book for some gematria help!)

80	30	1

2	5	1

90	200

40	30	6	70

400	40	1

4	3	2

4	60	8

30	6	40

200	100	300

10	30	20

200	70	300

5	400	300

- circumcise
- run
- gate
- kindness
- thousand
- false
- world
- love
- drink
- truth/reality
- vessel
- clothing

Word Search!!!

Directions - read carefully: Search in the word jumble to find the correct meanings of the Hebrew words below. Circle the words when you find them. REMEMBER-- to make sure all the translations are found.

							L	H	X	J	U										
					V	U	T	N	C	G	U	Q									
				G	T	U	S	W			C	I	P								
			K	T	R	R	D	F				L	X	A							
		X	Y	T	R	I	B	K					O	Q	R						
		Y	X	T	Q	J	O	Y					F	T	W	F	Q	G	O		
	D	Q	F	W	T	F	S	Q	C	Z	K	I	J	W	H	I	P	S	A	G	
	N	T	O	D	T	J	O	B	Y	T	I	L	A	E	R	I	M	G	B	F	G
M	O	R	L	D	N	A	S	U	O	H	T	A	E	D	B	I	N	P	U	A	S
Q	L	O	O	E	Y	O	C	I	R	C	U	M	C	I	S	E	V	G	T	F	C
D	V	Z	Y	S	S	I	M	M	B	S	C	N	K	I	N	D	N	E	S	S	U
E	A	I	Y	L	U	Q	X	B	D	X	U	C	K	N	I	R	D	Z	X	M	Y
	Q	B	W	A	Z	F	T	F	S	R	X	Y	O	L	E	S	S	E	V	Y	
		N	V	F	H										Y	S	B	L			
			F	Q												S	R				

מוֹל	אֶלֶף	שָׁתֹה
רָץ	שֶׁקֶר	אֱמֶת
שַׁעַר	עוֹלָם	כְּלִי
חֶסֶד	אָהֹב	בֶּגֶד

Crossword Puzzle!!!

<u>**Directions – read carefully:**</u> Write the correct meanings of the Hebrew words below into the correct boxes of the crossword puzzle. Words can be written across or down and START with a number in their box.

Across

2. עוֹלָם
3. כְּלִי
6. מוֹל
8. אֱמֶת
9. שָׁתֹה
10. שַׁעַר
11. אֶלֶף

Down

1. שֶׁקֶר
4. חֶסֶד
5. רָץ
6. בֶּגֶד
7. אָהֹב

שֵׁם _____

1.

2.

3.

4.

5.

6.

7.

8.

9.

10.

11.

12.

Climbing

הַר סִינַי

כה

thousands	אֲלָפִים
gift/present	מַתָּנָה
why	מַדּוּעַ
mitzvah/instruction	מִצְוָה
grain	דָּגָן
wine	תִּירוֹשׁ
oil	שֶׁמֶן
respect/honor	כָּבוֹד
cow	פָּרָה
times	פְּעָמִים
moon	יָרֵחַ
cup	כּוֹס
basket	סַל
chair	כִּסֵּא

<u>Directions - read carefully:</u> Find and <u>underline</u> the vocabulary word in the passuk. This is the first time this word appears in the Chumash!!!

פסוקים		
(כד,ס) וַיְבָרְכוּ אֶת רִבְקָה וַיֹּאמְרוּ לָהּ אֲחֹתֵנוּ אַתְּ הֲיִי לְאַלְפֵי רְבָבָה וְיִירַשׁ זַרְעֵךְ אֵת שַׁעַר שֹׂנְאָיו	אֲלָפִים	thousands
(כה,ו) וְלִבְנֵי הַפִּילַגְשִׁים אֲשֶׁר לְאַבְרָהָם נָתַן אַבְרָהָם מַתָּנֹת וַיְשַׁלְּחֵם מֵעַל יִצְחָק בְּנוֹ בְּעוֹדֶנּוּ חַי קֵדְמָה אֶל אֶרֶץ קֶדֶם	מַתָּנָה	gift/present
(כו,כז) וַיֹּאמֶר אֲלֵהֶם יִצְחָק מַדּוּעַ בָּאתֶם אֵלָי וְאַתֶּם שְׂנֵאתֶם אֹתִי וַתְּשַׁלְּחוּנִי מֵאִתְּכֶם	מַדּוּעַ	why
(כז,ח) וְעַתָּה בְנִי שְׁמַע בְּקֹלִי לַאֲשֶׁר אֲנִי מְצַוָּה אֹתָךְ	מִצְוָה	mitzvah/instruction
(כז,כח) וְיִתֶּן לְךָ הָאֱלֹקִים מִטַּל הַשָּׁמַיִם וּמִשְׁמַנֵּי הָאָרֶץ וְרֹב דָּגָן וְתִירשׁ	דָּגָן	grain
(כז,כח) וְיִתֶּן לְךָ הָאֱלֹקִים מִטַּל הַשָּׁמַיִם וּמִשְׁמַנֵּי הָאָרֶץ וְרֹב דָּגָן וְתִירשׁ	תִּירוֹשׁ	wine
(כח,יח) וַיַּשְׁכֵּם יַעֲקֹב בַּבֹּקֶר וַיִּקַּח אֶת הָאֶבֶן אֲשֶׁר שָׂם מְרַאֲשֹׁתָיו וַיָּשֶׂם אֹתָהּ מַצֵּבָה וַיִּצֹק שֶׁמֶן עַל רֹאשָׁהּ	שֶׁמֶן	oil
(לא,א) וַיִּשְׁמַע אֶת דִּבְרֵי בְנֵי לָבָן לֵאמֹר לָקַח יַעֲקֹב אֵת כָּל אֲשֶׁר לְאָבִינוּ וּמֵאֲשֶׁר לְאָבִינוּ עָשָׂה אֵת כָּל הַכָּבֹד הַזֶּה	כָּבוֹד	respect/honor
(לב,טז) גְּמַלִּים מֵינִיקוֹת וּבְנֵיהֶם שְׁלֹשִׁים פָּרוֹת אַרְבָּעִים וּפָרִים עֲשָׂרָה אֲתֹנֹת עֶשְׂרִים וַעְיָרִם עֲשָׂרָה	פָּרָה	cow
(לג,ג) וְהוּא עָבַר לִפְנֵיהֶם וַיִּשְׁתַּחוּ אַרְצָה שֶׁבַע פְּעָמִים עַד גִּשְׁתּוֹ עַד אָחִיו	פְּעָמִים	times
(לז,ט) וַיַּחֲלֹם עוֹד חֲלוֹם אַחֵר וַיְסַפֵּר אֹתוֹ לְאֶחָיו וַיֹּאמֶר הִנֵּה חָלַמְתִּי חֲלוֹם עוֹד וְהִנֵּה הַשֶּׁמֶשׁ וְהַיָּרֵחַ וְאַחַד עָשָׂר כּוֹכָבִים מִשְׁתַּחֲוִים לִי	יָרֵחַ	moon
(מ,יא) וְכוֹס פַּרְעֹה בְּיָדִי וָאֶקַּח אֶת הָעֲנָבִים וָאֶשְׂחַט אֹתָם אֶל כּוֹס פַּרְעֹה וָאֶתֵּן אֶת הַכּוֹס עַל כַּף פַּרְעֹה	כּוֹס	cup
(מ,טז) וַיַּרְא שַׂר הָאֹפִים כִּי טוֹב פָּתָר וַיֹּאמֶר אֶל יוֹסֵף אַף אֲנִי בַּחֲלוֹמִי וְהִנֵּה שְׁלֹשָׁה סַלֵּי חֹרִי עַל רֹאשִׁי	סַל	basket
(מא,מ) אַתָּה תִּהְיֶה עַל בֵּיתִי וְעַל פִּיךָ יִשַּׁק כָּל עַמִּי רַק הַכִּסֵּא אֶגְדַּל מִמֶּךָּ	כִּסֵּא	chair

MATCHING FUN!!! כה

Directions – read carefully: Draw a line from the Hebrew word to its correct translation

gift/present	אֲלָפִים
thousands	מַתָּנָה
mitzvah/instruction	מַדּוּעַ
fish	מִצְוָה
why	דָּגָן

why	מַתָּנָה
gift/present	אֲלָפִים
fish	מַדּוּעַ
thousands	דָּגָן
mitzvah/instruction	מִצְוָה

mitzvah/instruction	מִצְוָה
thousands	מַתָּנָה
why	אֲלָפִים
gift/present	דָּגָן
fish	מַדּוּעַ

wine	שֶׁמֶן
times	כָּבוֹד
oil	פָּרָה
cow	פְּעָמִים
respect/honor	תִּירוֹשׁ

oil	שֶׁמֶן
cow	פְּעָמִים
respect/honor	תִּירוֹשׁ
times	פָּרָה
wine	כָּבוֹד

respect/honor	פָּרָה
times	כָּבוֹד
cow	שֶׁמֶן
wine	פְּעָמִים
oil	תִּירוֹשׁ

cup	יָרֵחַ
moon	כּוֹס
chair	סַל
basket	כִּסֵּא

basket	כִּסֵּא
chair	כּוֹס
cup	יָרֵחַ
moon	סַל

chair	כּוֹס
moon	כִּסֵּא
basket	יָרֵחַ
cup	סַל

gift/present	תִּירוֹשׁ
respect/honor	פְּעָמִים
why	פָּרָה
times	יָרֵחַ
cup	כּוֹס
cow	אֲלָפִים
fish	סַל
mitzvah/instruction	כָּבוֹד
thousands	מַתָּנָה
oil	שֶׁמֶן
wine	דָּגָן
basket	מַדּוּעַ
chair	מִצְוָה
moon	כִּסֵּא

gift/present	מַתָּנָה
fish	מוֹל
why	אֲלָפִים
wine	מַדּוּעַ
cow	דָּגָן
moon	שֶׁמֶן
respect/honor	פָּרָה
chair	מִצְוָה
thousands	כּוֹס
mitzvah/instruction	יָרֵחַ
cup	כָּבוֹד
oil	פְּעָמִים
times	כִּסֵּא
basket	סַל

GEMATRIA FUN!!!

Directions – read carefully: Each letter of the Hebrew Alphabet is given a number value. Fill in the blank space above the numbers with the correct Hebrew letter that matches that number. After you decoded these Hebrew words draw a line to the correct translation.
(Look at the back page of this book for some gematria help!)

	50	40	300	
	8	200	10	
	30	60		
5	50	400	40	
40	10	80	30	1
	50	3	4	
	60	6	20	
	1	70	20	
4	6	2	20	
	5	200	80	
5	6	90	40	
40	10	40	70	80
300	6	200	10	400
	70	6	4	40

- thousands
- gift/present
- why
- mitzvah/instruction
- grain
- wine
- oil
- respect/honor
- cow
- times
- moon
- cup
- basket
- chair

Word Search!!!

Directions – read carefully: Search in the word jumble to find the correct meanings of the Hebrew words below. Circle the words when you find them. REMEMBER-- to make sure all the translations are found.

```
                  V Z
                H T Q T
              Y O Q P H F
            Y S N U R O N I
          Q U Q O C E U T M C
        T S S W R O S S C P C H
      Y X I H G X W E A E K E A I
    L I X T M A V J N N P F H N N K
  H O J D V T E M G T D S U S O X E X
E J M O T Z H C S R K S E T W S L N X Z
Z D G I V E T U Y P S R R M G I J I D D
  L X I T R K P H Z H U O R K B W W O
    X L F Z T S W B C O A X S D Q T
      L C T V R A T N I Z F B Q D
        Y G E A I B N D F R Z T
          D B O H N B Y U N C
            N H R I A H C V
              F A A L M A
                B D J Q
                  T F
```

אֲלָפִים	תִּירוֹשׁ	יָרֵחַ
מַתָּנָה	שֶׁמֶן	כּוֹס
מַדּוּעַ	כָּבוֹד	סַל
מִצְוָה	פָּרָה	כִּסֵּא
דָּגָן	פְּעָמִים	

Crossword Puzzle!!!

Directions – read carefully: Write the correct meanings of the Hebrew words below into the correct boxes of the crossword puzzle. Words can be written across or down and START with a number in their box.

Across

1. תִּירוֹשׁ
3. פְּעָמִים
5. כִּסֵּא
6. כָּבוֹד
8. מַדּוּעַ
9. סַל
10. דָּגָן
11. אֲלָפִים

Down

2. מִצְוָה
4. יָרֵחַ
5. כּוֹס
7. פָּרָה
10. מַתָּנָה
12. שֶׁמֶן

שֵׁם ______________________

1.

2.

3.

4.

5.

6.

7.

8.

9.

10.

11.

12.

Made in the USA
Monee, IL
23 August 2020